Inhaltsverzeichnis

I. Einleitung 3

II. Begriff 4

III. Abgrenzung zu anderen Vertriebssystemen 4

IV. Wirtschaftliche Grundtypen 5

1. Produktbezogene Franchise-Systeme 5
2. Dienstleistungsbezogene Franchise-Systeme 6

V. Vertragsmuster und allgemeine Rechtsfragen 6

1. Regelungsbedürftige Bereiche 6
2. Im Mittelpunkt stehen folgende Rechtsgebiete: 7
   a) Vorvertragliche Aufklärungspflichten 7
   b) Arbeitsrechtliche Abgrenzung 9
   c) Sozialversicherungsrechtliche Einordnung der Franchise-Nehmer-Tätigkeit 10
   d) Die analoge Anwendung von Vorschriften aus dem HGB . . 11
   e) Franchise-Verträge als Allgemeine Geschäftsbedingungen . 11
   f) Widerrufsrechte des Franchise-Nehmers 13
   g) Die kartellrechtlichen Begrenzungen 14
   h) Die weitere Rechtsentwicklung 20

VI. Franchise-Vertrag 22

1. Grundlagen 22
2. Vorvertragliche Aufklärung 24
3. Vertragsgegenstand und Rechtsinhaberschaft 24
4. Verpflichtung des Franchise-Nehmers als natürliche Person . . 27
5. Allgemeine Pflichten des Franchise-Gebers, Einkaufsvorteile . 27
6. Stellung, allgemeine Pflichten und Bezugspflichten des Franchise-Nehmers, Preisbindungskompetenz 29
7. Geschäftsordnungssystem 32
8. Vergütungen 33
9. Geschäftslokal 34

10. Werbung 36
11. Kundendienst, Depotabrede 36
12. Qualitätsmanagement, Zertifizierung 37
13. Schutzrechte, Know-how 38
14. Versicherungen, Haftung 39
15. Rechnungswesen und Jahresabschluss, Datenspeicherung . . . 41
16. Abwerbeverbot 41
17. Verschwiegenheit 42
18. Abtretung, Geschäftsveräußerung, Vorerwerbsrecht, Tod . . . 42
19. Allgemeine Geschäftsbedingungen 44
20. Wettbewerbsverbot 45
21. Vertragsdauer und ordentliche Kündigung 46
22. Vorzeitige und außerordentliche Kündigung 47
23. Folgen der Beendigung des Vertrages u.a. 49
24. Vertragsstrafe 51
25. Beirat 51
26. Höhere Gewalt, Verzug, Haftungsbeschränkung, Aufrechnung . 52
27. Widerrufsbelehrung 53
28. Gerichtsstand, anwendbares Recht, Vertragssprache 54
29. Bestandteile des Vertrages 54
30. Alte Vereinbarungen, Nebenabreden, Änderungen, abweichendes Verhalten, Überschriften 54
31. Salvatorische Klausel 55
32. Inempfangnahme des Vertrages einschließlich Anlagen 55

VII. Anhang 56
1. Ethikkodex (DFV) 56
2. Beiräte in Franchisesystemen (Richtlinie DFV) 62
3. Vorvertragliche Aufklärungspflichten (Richtlinie DFV) 64

Literaturverzeichnis 67

I. Einleitung

Franchising ist ein besonderes System für den Vertrieb von Waren und/oder Dienstleistungen. Es ist u.a. im Bereich des Hotel- (Hilton, Ramada) und Gaststättengewerbes (Burger King, McDonald's), der Reparatur-, Sanierungs- und Reinigungsdienste (Isotec), der Textilreinigung, der Immobilienmakler (Engel & Völkers), der Bäckereien (Kamps), der Nachhilfeschulen (Schülerhilfe), der Optiker (Apollo), Auskunfteien, Autovermietung (InterRent, Sixt), Zeitarbeitskräftevermittlung (Manpower), Tierfutter- und Tierzubehörhandels (Fressnapf) des Möbel- und Bauelementehandels (Obi-Baumärkte, Portas), Elektronikhandels (Computer-Land), Textil- und Modeeinzelhandels (Pronuptia-Brautmoden, Rodier) bekannt geworden. In den Vereinigten Staaten von Amerika werden ca. 30 % des gesamten Einzelhandelsumsatzes über Franchising abgewickelt. Im deutschen Handel sind über 420 Systeme aktiv.

Franchise-Systeme bieten für beide Partner erhebliche wirtschaftliche Vorteile:

- Dem Franchise-Geber gelingt der Aufbau und die Verbreitung seiner Marke im Rahmen eines Netzwerkes nach eigenen Vorstellungen mit geringerem finanziellen Aufwand; er nutzt die unternehmerische Kraft des Franchise-Nehmers, dessen Investitionsbereitschaft sowie z. B. dessen regionale und lokale Vertriebskompetenz und erspart die Einstellung entsprechenden Personals; der Franchise-Nehmer wird als freier Unternehmer außerdem eine höhere Motivation mitbringen als angestellte Arbeitnehmer.
- Der Franchise-Nehmer nutzt den Bekanntheitsgrad einer eingeführten Marke und das Vertrauen in ein etabliertes System; er erspart erhebliche Anlaufkosten und erfährt besondere Hilfestellung bei der Gründung und bei dem Betrieb des Geschäfts (z. B. im Bereich des Marketing einschließlich Eröffnungswerbung, des Einkaufs und der Unternehmensführung); er partizipiert an der Erfahrung und am Know-how des Franchise-Gebers und an dessen Weiterentwicklung; die Insolvenzrate bei Franchise-Gründungen ist deutlich geringer als bei unabhängigen Unternehmensgründungen.

Daneben bestehen für beide Vertragspartner weitere Vor- und Nachteile je nach Ausgestaltung des Vertrages und der Ausgewogenheit von Leistung und Gegenleistung.

Leider hat es in der Vergangenheit auch betrügerische Franchise-Systeme gegeben, bei denen es den Initiatoren primär um das Abkassieren der Eintrittsgebühr ging. Nicht zuletzt vor diesem Hintergrund haben der Deutsche und der Europäische Franchise-Verband einen Verhaltenskodex entwickelt. Dieser gibt wirtschaftliche Hinweise zu der ausgewogenen Gestaltung von Franchise-Systemen. Im Konfliktfall können dem Kodex auch rechtlich relevante Wertungen entnommen werden. Der Kodex ist im Teil VII abgedruckt.

II. Begriff

Der Franchise-Vertrag ist ein Typenkombinationsvertrag. Er hat regelmäßig den Vertrieb eines Erzeugnisses und/oder einer vom Franchise-Geber entwickelten Dienstleistung unter einem einheitlichen Namen, Symbol, Marke und/oder einer Ausstattung unter Nutzung eines spezifischen Know-how des Franchise-Gebers zum Inhalt. Im Einzelnen konkretisieren folgende Merkmale den Franchise-Vertrag:

- Zwischen dem Franchise-Geber und dem Franchise-Nehmer besteht ein vertraglich vereinbartes Dauerschuldverhältnis über den Vertrieb von Waren und/oder Dienstleistungen.
- Der Franchise-Geber gewährt dem Franchise-Nehmer ähnlich wie im Markenlizenz- und Know-how-Vertrag Nutzungsrechte im Hinblick auf Schutzrechte (z. B. Benutzung von Namen, Symbol, Markenzeichen, Gebrauchsmuster und Patente) und Know-how insbesondere im Hinblick auf die Vermarktung des Franchise-Gegenstandes in Form von Erfahrungs-, Betriebs- und Geschäftsgeheimnissen sowie allgemeine betriebliche Unterstützung und laufende Betreuung.
- Als Gegenleistung entrichtet der Franchise-Nehmer ein Entgelt, die Franchisegebühr.
- Der Franchise-Nehmer unterliegt Vertriebspflichten und in der Regel auch Bezugspflichten. Er vermarktet die Waren und/oder Leistungen nach vom Franchise-Geber vorgegebenen (Sortiments-) Richtlinien mit Kontrollrechten auf eigenes Risiko, d. h. im eigenen Namen und auf eigene Rechnung.
- Die Franchise-Nehmer treten nach außen einheitlich auf durch Verwendung einer einheitlichen Geschäftsbezeichnung, eines einheitlichen Markenzeichens und einer einheitlichen Aufmachung und Ausstattung.

III. Abgrenzung zu anderen Vertriebssystemen

Das Franchising unterscheidet sich von anderen Vertriebssystemen in folgender Hinsicht:

- vom Vertragshändlersystem durch ein strafferes Management-, Organisations- sowie Marketing- und Werbekonzept, das einerseits Weisungs-

und Kontrollrechte des Franchise-Gebers vorsieht und andererseits eine Unterstützung und Betreuung des Franchise-Nehmers durch den Franchise-Geber beinhaltet,

- vom Handelsvertreter- und Kommissionsagentensystem durch den Einsatz selbstständiger Kaufleute, die nicht vermitteln oder Geschäfte nur im Namen eines Dritten abschließen (§ 84 HGB), sondern Geschäfte für eigene Rechnung und auf eigenes Unternehmerrisiko eingehen,
- von Lizenz- und Know-how-Verträgen durch das einheitliche Marketingkonzept, durch Überwachungs- und Weisungsrechte des Franchise-Gebers und durch Vertriebspflichten zu Lasten des Franchise-Nehmers,
- vom Filialsystem durch die rechtliche Selbstständigkeit der Franchise-Nehmer, die nicht als angestellte Filialmitarbeiter Bestandteil der firmeneigenen Absatzorganisation sind, sondern – im Vergleich dazu – nur einer begrenzten Weisungsgebundenheit durch den Franchise-Geber unterliegen,
- von Genossenschaften und Handelsketten durch die vertikale und nicht horizontale Kooperation. Es besteht keine gleichberechtigte Partnerschaft zwischen Angehörigen derselben Wirtschaftsstufe, sondern eine vertikale Gliederung. Allerdings ist darauf hinzuweisen, dass die modernen genossenschaftlichen Vertriebssysteme z. B. im Lebensmitteleinzelhandel durchaus vertikale Strukturen aufweisen und vielfach auch mit Franchisekomponenten verknüpft sind.

IV. Wirtschaftliche Grundtypen

In der Praxis werden verschiedene Grundtypen des Franchising unterschieden. Dabei wird zwischen produkt- und dienstleistungsbezogenen Franchise-Systemen differenziert.

1. Produktbezogene Franchise-Systeme

a) Vertriebs-Franchising:

Verbindung von Hersteller und (Einzel-)Händler zum Absatz von Waren des Herstellers, wobei sich die Franchise auf den Gesamtbetrieb des (Einzel-)Händlers oder nur auf eine Abteilung beziehen kann (z. B. in Kaufhäusern Minit; Rosenthal-Studios). In Betracht kommt auch die Zusammenarbeit von Herstellern mit mehreren Großhändlern oder die Verbindung von Großhändlern mit Einzelhändlern (Verkaufsringe u. ä., teilweise Mischsysteme mit Franchise-Elementen).

b) Produktions-Franchising:

Der Franchise-Nehmer stellt nach den Anweisungen des Franchise-Gebers selbst Waren her und verkauft diese dann unter dem Warenzeichen des Franchise-Gebers (z. B. auch sog. Bottler-Systeme wie Coca-Cola).

2. Dienstleistungsbezogene Franchise-Systeme

Der Franchise-Geber vermittelt seinen Partnern ein spezielles Dienstleistungs-Know-how (Nachhilfeschulen, Hotels, Autovermietung etc.) ggf. in Verbindung von Produktveredelungstechniken (McDonald's).

V. Vertragsmuster und allgemeine Rechtsfragen

1. Regelungsbedürftige Bereiche

Das vorliegende Vertragsmuster enthält einen ausführlichen, konkrete Einzelheiten regelnden Vertrag. In der Praxis empfiehlt es sich, konkretisierende Regelungen zur geschäftlichen Zusammenarbeit zwischen Franchise-Geber und Franchise-Nehmer im Rahmen eines Geschäftsordnungssystems zu regeln, um dadurch das Grundlagen-Vertragswerk zu straffen. Je nach der Stärke der gewerblichen Schutzrechte (Patent- bis zum einfachen Know-how-Recht) kann sich eine sehr ins Detail gehende oder eine kürzere Vertragsausgestaltung empfehlen. Der Mustervertrag soll für die einzelne Vertragsausgestaltung Anregungen zu regelbaren Themenkreisen geben.

In den Fußnoten sind einige besonders bedeutsame Fragenkreise kommentiert. Eine vollständige und erschöpfende Darstellung der mit dem Franchise-Vertrag verbundenen Rechtsprobleme kann im Rahmen der vorliegenden Schriftenreihe nicht gegeben werden.

Wenn die wirtschaftliche – und damit auch die rechtliche – Konzeption der einzelnen Franchise-Systeme auch sehr unterschiedlich sein kann, so wird bei jeder vertraglichen Ausgestaltung folgenden Sachbereichen besondere Beachtung zu schenken sein:

- vorvertragliche Aufklärung,
- Beschreibung des Franchise-Know-how,
- ausschließliches oder einfaches Vertriebsrecht, Gebietsschutz,
- Vertriebs- und Bezugsbindungen, Gewährung von Lieferantenvorteilen,
- gewerbliche Schutzrechte,
- Beratung und Schulung,
- Sicherstellung des fortlaufenden Know-how-Flusses vom Franchise-Geber zum Franchise-Nehmer (z. B. durch Schulung, Handbücher etc.)

- Einheitliches Auftreten,
- Controlling und Warenwirtschaftssystem,
- Qualitätsmanagement und Zertifizierung,
- Entgelt – Angemessenheit von Leistung und Gegenleistung –,
- Vertragsdauer,
- ordentliche und außerordentliche Kündigung,
- Folgen der Vertragsbeendigung – Ausgleichsansprüche, Auslaufklauseln, Verwertung des Warenlagers –,
- Wettbewerbsverbote,
- Vertragsstrafen.

Ein zwingendes gesetzliches Schriftformerfordernis kann sich für Franchiseverträge aus § 510 Abs. 2 BGB ergeben. Außerdem gilt in der Regel § 85 HGB analog, wonach jeder Vertragspartner verlangen kann, dass der Vertragsinhalt in eine von dem anderen Vertragsteil aufgenommene Urkunde aufgenommen wird.

2. Im Mittelpunkt stehen folgende Rechtsgebiete:

a) Vorvertragliche Aufklärungspflichten

Unter anderem in Belgien, Frankreich, Spanien und den Vereinigten Staaten von Amerika gibt es Gesetze, die den Franchise-Geber zur vorvertraglichen Offenlegung maßgeblicher wirtschaftlicher und rechtlicher Umstände verpflichten. In Deutschland liegen inzwischen eine Reihe von Urteilen vor, die den Umfang der vorvertraglichen Aufklärungspflicht des Franchise-Gebers festlegen.[1] Der Deutsche Franchise-Verband hat Richtlinien zur vorvertraglichen Aufklärung veröffentlicht (siehe unten Seite 64).

Im Rahmen der Vertragsgestaltung müssen diese Verpflichtungen des Franchise-Gebers berücksichtigt werden. Wichtig ist es, dass die vorvertragliche Aufklärung vollständig und zutreffend erfolgt. Prognosen, insbesondere im Zusammenhang mit Business-Plänen, müssen auf nachprüfbare Basisdaten aufsetzen.

Nach der Rechtsprechung und den Grundsätzen des Deutschen Franchise-Verbandes ist der Franchise-Geber verpflichtet, zumindest folgende Informationen zu erteilen:

- Allgemeine Informationen über den Franchise-Geber;
- Informationen über das Franchise-Konzept insgesamt und über die Systemdurchsetzung und -anwendung unter Darstellung der Leistung und Ausgestaltung der Systemzentrale;

---

1 OLG München, WB 1988, 865; OLG München, NJW 1994, 667 f.

- Informationen zum Einkauf und ggf. zu der Gewährung von Lieferantenvorteilen;[2]
- Angaben über den notwendigen Arbeits- und Kapitaleinsatz des Franchise-Nehmers mit einer Darstellung des über die eventuelle Eintrittsgebühr hinausgehenden Kapitaleinsatzes unter Berücksichtigung und Darstellung der erforderlichen Anlaufphase mit ggf. eintretenden Anlaufverlusten; dies schließt Hinweise zu einer allgemeinen Rentabilitäts- und Liquidationsvorschau ein;
- Vermittlung der Praxiserfahrungen aus den Pilotbetrieben des Franchise-Gebers oder den durchschnittlich arbeitenden Franchise-Nehmer-Betrieben;
- Wahrheitsgemäße betriebswirtschaftliche Kennzahlen von Franchise-Nehmer-Betrieben, die dem zu eröffnenden Betrieb nach Größe, Marktpotenzial, Investitionen etc. ähnlich sind.

Der Umfang der erforderlichen Aufklärung ist auch von den individuellen Umständen des Einzelfalles abhängig. Ein Existenzgründer kann weitergehende Aufklärung und Information verlangen als ein erfahrener Branchen-Insider (z. B. bisherigen Filialleiter).

Der Franchise-Nehmer schuldet dem Franchise-Geber gegenüber eine ehrliche Aufklärung über seine beruflichen Fähigkeiten, persönlichen Eigenschaften und finanziellen Möglichkeiten.

Werden die vorstehenden Pflichten zumindest fahrlässig verletzt, so macht sich der jeweilige Vertragspartner nach den Grundsätzen der culpa in contrahendo nach § 311 Abs. 2, 3, § 241 Abs. 2 und § 280 BGB schadenersatzpflichtig. Darüber hinaus können die Voraussetzungen für eine Anfechtung wegen arglistiger Täuschung gemäß §§ 123, 142 BGB vorliegen.

Eine allgemeine Prospekthaftung des Franchise-Gebers ist abzulehnen. Franchise-Nehmer und Franchise-Geber verhandeln unmittelbar miteinander (die Einschaltung von professionellen Vertriebsgruppen – wie im grauen Kapitalmarkt üblich – fehlt in der Regel bei der Akquisition von Franchise-Nehmern) unter Berücksichtigung individueller Besonderheiten (z. B. Vertragsgebiet, Investitionserfordernisse, Standortbedingungen etc.). Darüber hinaus hängt der Erfolg des Franchise-Nehmers einerseits von der Marktlage und andererseits auch von seinem Einsatz und seiner Tüchtigkeit ab. Die Grundsätze der Prospekthaftung wurden von der Rechtsprechung für Prospekte im sog. grauen Kapitalmarkt entwickelt, bei denen der Anleger allein vorformulierte, typisierte Vertragsmuster unterzeichnet und keinerlei Einfluss auf den Geschäftsverlauf nehmen kann.

---

2 Siehe dazu die bedeutsamen Apollo-Entscheidungen des BGH, BB 2003, 2254 sowie den Praktiker-Beschluss BGH, WM 2009, 374.

Die Ausgangslage ist daher vollständig anders, so dass für eine generelle Prospekthaftung kein Raum ist. Das OLG München hat dies in seiner Aufina-Entscheidung vom 24.4.2001 bestätigt.

In der Praxis empfiehlt es sich für die vorvertragliche Aufklärung ein sog. Aufklärungsdokument zu erstellen. Dieses belegt den Umfang und den Inhalt der Aufklärung. Da der Franchise-Geber die ordnungsgemäße Aufklärung im Zweifel zu beweisen hat,[3] ist es für ihn nahezu zwingend für eventuelle Haftungsfälle Vorsorge zu treffen.

b) Arbeitsrechtliche Abgrenzung

Zum Thema der Selbstständigkeit des Franchise-Nehmers sind eine Reihe von obergerichtlichen und höchstrichterlichen Urteilen ergangen.[4] Der Bundesgerichtshof hat die arbeitnehmerähnliche Schutzbedürftigkeit des Franchise-Nehmers im konkreten Fall damit begründet, dass Letzterer nach dem Franchise-Vertrag verpflichtet war,

- seine Arbeitskraft ausschließlich für den Franchise-Geber einzusetzen, so dass keine Möglichkeit anderweitiger Einkünfte bestand sowie
- dass die Verkaufstätigkeit des Franchise-Nehmers insgesamt darauf angelegt war, seine Arbeitszeit vollständig in Anspruch zu nehmen;
- dass keine Angestellten beschäftigt wurden, die z. B. für den Franchise-Nehmer die Verkaufstätigkeit übernahmen und
- dass das Handbuch die Verkaufstätigkeit in einem Ausmaß festgelegt hat, dass für eigene unternehmerische Initiative und Gestaltung kein Raum gegeben war.
- Darüber hinaus floss der Umsatz des Franchise-Nehmers auf ein Konto des Franchise-Gebers, der dann an den Franchise-Nehmer lediglich dessen Spanne ausbezahlte.

Das Bundesarbeitsgericht stellte klar, dass die Abgrenzung zwischen Arbeitnehmern und arbeitnehmerähnlicher Personen sich danach richtet, ob der Betreffende persönlich abhängig oder zwar rechtlich selbstständig, wirtschaftlich aber abhängig und mit einem Arbeitnehmer vergleichbar schutzbedürftig ist. Dass ein Franchise-Nehmer den für ein solches Vertragsverhältnis typischen Bindungen unterliegt, schließt dabei die Annahme eines Arbeitsverhältnisses nicht aus (so der Leitsatz des BAG in seinem Beschluss vom 16. Juli 1997).

3 Vgl. OLG München, BB 1988, 865 sowie Braun, NJW 1995, 504 f.

4 Vgl. OLG Schleswig, NJW RR 1987, 220; BAG, BB 1990, 1064; LAG Düsseldorf, DB 1988, 293 sowie BAG, WiB 1997, 1197 m. A. *Flohr*, BGH, ZIP 1998, 2104).

Aus den Entscheidungen folgt, dass sowohl in der vertraglichen Gestaltung als auch in der wirtschaftlichen Umsetzung die Selbstständigkeit des Franchise-Nehmers gewährleistet sein muss:

- Der Franchise-Nehmer muss persönlich unabhängig sein; er handelt im eigenen Namen und auf eigene Rechnung; er hat ein eigenständiges Gewerbe; er trägt das Unternehmerrisiko.
- Er muss wirtschaftlich unabhängig sein und darf nicht sachlich sowie im Hinblick auf die von ihm zu erbringenden Leistungen betreffend Ort und Zeit vom Franchise-Geber weisungsabhängig sein.
- Er hat die unternehmerische Gestaltungsfreiheit und Organisationsgewalt und kann daher seinen Geschäftsbetrieb im Rahmen des Franchise-Konzeptes eigenständig organisieren. Insbesondere kann er seine eigene Arbeitszeit frei festlegen und hat das Recht nach seiner Wahl Arbeitnehmer zu beschäftigen.
- Da der Franchise-Nehmer das unternehmerische Risiko trägt, müssen die von ihm erzielten Umsätze ihm selbst zukommen; er hat die mit seinem Geschäftsbetrieb verbundenen Kosten eigenständig zu tragen und hat die handels- und steuerrechtlichen Verpflichtungen eigenständig zu erfüllen.

c) Sozialversicherungsrechtliche Einordnung der Franchise-Nehmer-Tätigkeit

Der Gesetzgeber hat seit 1999 in einer Reihe von inzwischen wieder aufgehobenen Regelungen die Einbeziehung der sog. Scheinselbstständigen in die Sozialversicherungspflicht geregelt. Seit dem 1.1.2003 hat der Sozialversicherungsträger wieder (wie in der Zeit vor dem 19.12.1998) im Einzelfall den Nachweis dafür zu erbringen, dass der Franchise-Nehmer im sozialrechtlichen Sinn abhängig und daher nicht selbstständig ist und aufgrund dessen der Sozialversicherung unterliegt. Dabei gilt der Grundsatz, dass die sozailrechtliche Einordnung keine rechtliche Bedeutung für die arbeitsrechtliche Qualifizierung hat.

Unabhängig von dem Vorstehenden haben Selbstständige sich in der Rentenversicherung gemäß § 2 I Nr. 9 SGB VI selbst pflichtzuversichern, wenn folgende Voraussetzungen vorliegen:

- ein Selbstständiger beschäftigt im Zusammenhang mit seiner Tätigkeit regelmäßig keinen versicherungspflichtigen Arbeitnehmer, dessen Arbeitsentgelt aus diesem Beschäftigungsverhältnis regelmäßig EUR 400,00 im Monat übersteigt und
- der Selbstständige ist auf Dauer und im Wesentlichen nur für einen Auftraggeber tätig.

Entgegen den Vorstellungen der Franchisepraxis hat das BAG die zweite Voraussetzung bei Franchise-Verhältnissen bejaht und sieht nicht die Kunden des Franchise-Nehmers, sondern den Franchise-Geber als den maßgeblichen Auftraggeber des Franchise-Nehmers an.[5]

d) Die analoge Anwendung von Vorschriften aus dem HGB

Hier geht es insbesondere um die entsprechende Anwendung der handelsvertreterrechtlichen Bestimmungen der §§ 89ff. HGB. Die Analogiebildung ist jeweils im Einzelfall zu prüfen. Eine generelle Analogie der Handelsvertretervorschriften kommt wegen der sehr stark differierenden Ausgestaltung von Franchise-Vertragsverhältnissen nicht in Betracht. Von besonderer Bedeutung ist § 89 b HGB.[6] Danach ist dem Franchise-Nehmer ein Ausgleichsanspruch zu gewähren, wenn und soweit der Franchise-Geber aus der Geschäftsverbindung mit Kunden, die der Franchise-Nehmer geworben hat, auch nach Beendigung des Franchise-Vertrages erhebliche Vorteile hat.[7] Darüber hinaus wird auch die Zahlung einer Karenzentschädigung zugunsten des Franchise-Nehmers für den Fall eines nachvertraglichen Wettbewerbsverbots in analoger Anwendung von § 90 a HGB befürwortet.[8] Ohne eine genaue Analyse des jeweiligen Franchise-Vertrages und der auf seiner Basis gegebenen tatsächlichen Situation (zum Beispiel im Hinblick auf die Eingliederung des Franchise-Nehmers in die Vertriebsorganisation des Franchise-Gebers, hinsichtlich der vom Franchise-Nehmer getroffenen Investitionen und deren Abgeltung bei kürzerer Vertragsdauer) wird man eine analoge Anwendung der §§ 89 b und 90 a HGB nicht befürworten können. Demgegenüber bestehen bei Fehlen entsprechender ausdrücklicher Regelungen gegen die entsprechende Geltung der Kündigungsvorschriften der §§ 89 und 89 a HGB[9] sowie der Regelung der §§ 89 Abs. 3 Satz 2 und 90 a Abs. 2 Satz 2 und Abs. 3 HGB generell keine Bedenken. Diese Bestimmungen entsprechen allgemeinen Rechtsgrundsätzen zur Beendigung von Dauerschuldverhältnissen der vorliegenden Art, ohne einer Partei einseitig erhebliche Pflichten von Gesetzes wegen aufzuerlegen.

e) Franchise-Verträge als Allgemeine Geschäftsbedingungen

Franchise-Verträge werden in der Regel vom Franchise-Geber formularmäßig ausgestaltet, d. h. für eine Vielzahl von Anwendungsfällen vorfor-

---

5 Siehe BAG, NJW 2010, 2539.

6 Siehe zur Novellierung von § 89 b HGB *Emde,* WRP 2010, 844 ff.

7 Vgl. auch BGH, DB 2010, 2331 ff. betreffend Markenlizenznehmer.

8 Vgl. BGH, NJW RR 1987, 612, 613.

9 Vgl. *Martinek*, Franchising, S.325 f.; ders., ZIP 1988, 1362, 1377 f.

muliert. Hierzu zwingt nicht nur die Notwendigkeit, das Franchise-System gegenüber allen Franchise-Nehmern einheitlich zu gestalten, sondern auch der Grundsatz der Gleichbehandlung der Franchise-Nehmer.[10] Franchise-Verträge sind daher regelmäßig Formularverträge im Sinne der §§ 305 ff. BGB.

Franchise-Nehmer sind in der Regel Unternehmer im Sinne von § 14 BGB; daher gilt gemäß § 310 BGB eine eingeschränkte Inhaltskontrolle. Danach sind Regelungen in Franchise-Verträgen unwirksam, wenn sie den Vertragspartner entgegen den Geboten von Treu und Glauben unangemessen benachteiligen. Ob eine unangemessene Benachteiligung vorliegt, ist aufgrund einer Interessenabwägung festzustellen. Dabei ist auf der einen Seite insbesondere das Interesse des Franchise-Gebers an einer straffen Organisation seines Marketing- und Vertriebssystems mit umfassenden Kontroll-, Weisungs- und Informationsmöglichkeiten zu berücksichtigen, auf der anderen Seite das Interesse des Franchise-Nehmers an Selbstständigkeit und Freiraum für die eigene unternehmerische Entfaltung.

Generell ist davon auszugehen, dass die Entscheidungsbefugnisse des Franchise-Nehmers nur in dem Umfang eingeschränkt werden dürfen, wie es zu seiner Eingliederung in das Vertriebssystem des Franchise-Gebers und zur Wahrung der Identität des Systems erforderlich ist. Dies gilt insbesondere im Hinblick auf die Kontroll- und Weisungsrechte des Franchise-Gebers.

Auch die Richtlinienkompetenz des Franchise-Gebers und die zu seinen Gunsten regelmäßig vertraglich vorgesehenen Änderungsvorbehalte unterliegen der Überprüfung. Qualitäts- und Absatzrichtlinien sind dann mit § 307 BGB vereinbar, wenn sie der Sicherung der einheitlichen und gleichbleibenden Qualität und Aufmachung der unter dem Namen und der Ausstattung des Franchise-Gebers angebotenen Waren und Leistungen dienen.[11] Änderungsvorbehalte, die vertraglich eingeräumte (Individual-)Rechtspositionen des Franchise-Nehmers betreffen (z. B. das ihm zugesprochene „Exklusiv-Vertragsgebiet"), sind restriktiver zu beurteilen als solche, die allgemeine Fragen der Gestaltung des Vertriebs- und Marketingkonzepts betreffen.[12] Da Franchise-Systeme allgemein zukunftsorientiert angelegt sein sollen und dem Franchise-Geber die Reaktion auf Marktumstände ermöglichen müssen, sind Änderungsmöglichkeiten z. B. im Beschaffungs-, Absatz- und Organisationskonzept systemimmanent.

10 Vgl. §§ 242 BGB, 20 GWB.
11 Vgl. *Liesegang*, BB 1991, 2381 ff.; *Böhner*, NJW 85, 2811.
12 BGHZ 89, 206, 211 = NJW 1984, 1182, 1183.

Diese Änderungen dürfen allerdings nicht zu einer Verschiebung der im Franchise-Vertrag niedergelegten Risikoverteilung und des Verhältnisses von Leistung und Gegenleistung führen. Eine exakte Konkretisierung der Voraussetzungen und eine Beschreibung des Umfangs der Änderungen in der Vorbehaltsklausel kann dagegen nicht gefordert werden. Vielmehr muss hier zugunsten des Franchise-Gebers und der allgemeinen Weiterentwicklung des Systems ein unternehmerischer Entscheidungsspielraum gewährleistet sein.

Berichtspflichten zu Lasten des Franchise-Nehmers und korrespondierende Kontrollrechte des Franchise-Gebers sind mit den Regelungen der §§ 305ff. BGB vereinbar, wenn sie zur Sicherung von Identität und Integrität des Franchise-Systems erforderlich sind oder wenn sie der Durchsetzung und Überprüfung der dem Franchise-Geber zustehenden Individualrechte (z. B. Vergütungsanspruch) dienen. Auch die Teilnahme an Lastschriftverfahren in Form des Abbuchungsverfahrens ist nicht unproblematisch.[13]

Für die Laufzeit von Franchise-Verträgen sind §§ 309 Ziff. 9; 310 Abs. 1 BGB nicht maßgebend (str.). Zum einen dienen längere Laufzeiten gerade dem Franchise-Nehmer, dessen Investitionen sich anderenfalls nicht amortisieren würden. Zum anderen unterfallen Franchise-Verträge wegen der gewerblichen und unternehmerischen Tätigkeit des Franchise-Nehmers nicht dem Schutzzweck des § 309 Ziff. 9 BGB, der allein auf Verbraucher zugeschnitten ist.[14] Im Hinblick auf ähnliche Problemstellungen sind die Entscheidungen des Bundesgerichtshofs zu den Vertragshändlerverträgen instruktiv.[15]

Nicht nur der Franchisevertrag, sondern auch die in ihm regelmäßig als Vertragsbestandteil gekennzeichneten Anlagen unterliegen der AGB-rechtlichen Kontrolle. Da die Handbücher vielfach insgesamt zum Vertragsbestandteil gemacht werden, müssen auch sie den AGB-rechtlichen Vorschriften genügen.

f) Widerrufsrechte des Franchise-Nehmers

Für Franchiseverträge gilt sowohl das Schriftformerfordernis als auch das Widerrufsrecht aus den verbraucherrechtlichen Bestimmungen der §§ 510 Abs. 1 Nr. 3, Abs. 2, 355 BGB. Voraussetzung für deren Anwendbarkeit ist die Verbrauchereigenschaft des Franchise-Nehmers im Sinne von § 13

13 Vgl. BGH, Urt. v. 14.10.2009 betreffend Tankstellenverwaltervertrag.

14 Vgl. näher *Erdmann*, BB 1992, 797 ff.

15 Vgl. z. B. BGH, ZIP 2005, 1785 ff.

BGB. Dieser ist für Existenzgründer grundsätzlich zu verneinen.[16] Eine Ausnahme stellt § 512 BGB dar, wonach für Existenzgründer die verbraucherrechtlichen Vorschriften anwendbar sind, soweit der „Barzahlungspreis" des Franchise-Nehmers den Betrag von EUR 75.000,00 nicht übersteigt. Nach Auffassung des OLG Brandenburg (NJW 2006, 1959) ist hierfür eine formale und keine wirtschaftliche Betrachtung maßgebend. Danach ist allein darauf abzustellen, ob sich aus dem Franchisevertrag unmittelbar Zahlungsverpflichtungen von mehr als EUR 75.000,00 ergeben. Ist dies nicht der Fall muss eine Widerrufsbelehrung erfolgen. Diese richtet sich heute (für Verträge, die ab dem 11.6.2010 abgeschlossen wurden) nach § 360 BGB. Zu empfehlen ist, den Text des amtlichen Musters in Anlage 1 zum EGBGB 246 zu verwenden, der Gesetzesrang hat und daher von den Gerichten nicht mehr als unwirksam verworfen werden kann.[17]

g) Die kartellrechtlichen Begrenzungen

Franchiseverträge enthalten in der Regel Gebietsabgrenzungen, Exklusivitätsabsprachen, Bezugsbindungen und andere Beschränkungen der Handlungsbefugnisse sowohl des Franchise-Gebers als auch des Franchise-Nehmers. Sie sind daher in ihrer Anlage wettbewerbsbeschränkend. Der deutsche Gesetzgeber hat inzwischen das deutsche Kartellrecht den EU-rechtlichen Regelungen nachgebildet. Sowohl § 1 GWB als auch Art. 101 Abs. 1 des Vertrags über die Arbeitsweise der europäischen Union (AEUV) sehen ein grundsätzliches Kartellverbot vor.

Vereinbarungen unterliegen nur dann dem Kartellrecht, wenn sie spürbare Wettbewerbsbeschränkungen bezwecken oder bewirken. Die EU-Kommission hat durch die sog. De-Minimis-Bekanntmachung vom 22.12.2001 (Amtsblatt 2001, C368/07) klargestellt, dass von vertikalen Vereinbarungen zwischen Unternehmen mit geringen Marktanteilen keine spürbare Wettbewerbsbeeinträchtigung ausgeht und somit Artikel 101 Abs. 1 AEUV nicht anwendbar ist. Weitere Voraussetzung ist jedoch jeweils, dass keine Kernbeschränkung des Marktverhaltens eines der Vertragspartner vorliegt. Die unzulässigen Kernbeschränkungen lassen sich der Vertikal-GVO entnehmen, auf die noch zurückzukommen ist.

Verfügt also der Franchise-Geber nur über einen geringen Marktanteil, so handelt es sich bei dem betroffenen Franchisevertrag um eine Vereinbarung von geringer Bedeutung, die nicht unter das Kartellverbot fällt. Bei horizontalen Vereinbarungen wird dabei der Grenzwert für die Anwen-

16 BGH, NJW 2005, 1273; OLG Düsseldorf, NJW RR 2002, 641; OLG Rostock, OLG R 2003, 5005.

17 Siehe LG Halle, BB 2006, 1871.

dung der Minimis-Bekanntmachung auf 10 % Marktanteil und bei den vertikalen Vereinbarungen (zu denen auch Franchiseverträge gehören) auf 15 % festgelegt. Franchise-Geber mit geringerem Marktanteil, die auch die sonstigen Voraussetzungen der Bagatellbekanntmachung erfüllen, haben ein Einschreiten der EU-Behörden aufgrund des Kartellverbots nach Art. 101 Abs. 1 AEUV grundsätzlich nicht zu befürchten.[18] Diese Bekanntmachung hat zwar keine bindende Wirkung für die Gerichte, doch gibt sie quantitative Hinweise zur Ermittlung der von Art. 101 Abs. 1 AEUV vorausgesetzten Spürbarkeit der Beeinträchtigung des Handels.

Des Weiteren unterliegen Vereinbarungen zwischen kleineren und mittleren Unternehmen nicht dem EU-Kartellrecht, sondern allenfalls dem nationalen Kartellrecht. Die EU-Kommission definiert kleine und mittlere Unternehmen als solche, die weniger als 250 Mitarbeiter beschäftigen und die entweder einen Jahresumsatz von höchstens EUR 50 Mio. erzielen oder deren Bilanzsumme EUR 43 Mio. nicht überschreitet.[19]

Nach der Rechtsprechung des Europäischen Gerichtshofs (insbesondere Pronuptia) unterfallen des Weiteren solche Regelungen nicht dem Kartellverbot des Art. 101 Abs. 1 AEUV, die notwendig sind, um geistiges Eigentum zu schützen bzw. die Einheitlichkeit und den Ruf des Franchisenetzes zu erhalten. Die EU-Kommission hat sich dieser Rechtsauffassung gemäß den Leitlinien zur Vertikal-GVO angeschlossen. In den Ziffern 190 und 191 der Leitlinien werden ausdrückliche Beispiele aufgeführt, welche Wettbewerbsbeschränkungen nicht unter Art. 101 Abs. 1 AEUV fallen, so dass die Notwendigkeit einer Freistellung nicht besteht.

Hierzu zählen insbesondere Wettbewerbsverbote in Bezug auf die vom Franchise-Nehmer erworbenen Waren oder Dienstleistungen, wenn diese notwendig sind, um die Einheitlichkeit und den Ruf des Franchisesystems zu erhalten. Gleiches gilt für Gebietsschutzregelungen, die es dem Franchise-Nehmer gestatten, innerhalb eines definierten Gebiets exklusiv die Produkte des Franchise-Gebers zu vertreiben.

Das strikte Kartellverbot des Art. 101 Abs. 1 AEUV greift schließlich dann nicht, wenn die Voraussetzungen für eine Freistellung von dem Verbot vorliegen. Diese Voraussetzungen sind in Art. 101 Abs. 3 AEUV geregelt. Danach ist eine Vereinbarung freistellungsfähig, wenn sie unter angemessener Beteiligung der Verbraucher an dem entstehenden Gewinn zur Verbesserung der Warenerzeugung oder -verteilung oder zur Förderung

18 Vgl. näher die Regeln der Bagatellbekanntmachung.

19 Siehe dazu die Empfehlung der Kommission vom 6.5.2003 – Amtsblatt 2003/361/EG.

des technischen oder wirtschaftlichen Fortschritts beitragen, ohne dass den beteiligten Unternehmen

- Beschränkungen auferlegt werden, die für die Verwirklichung dieser Ziele nicht unerlässlich sind oder
- Möglichkeiten eröffnet werden, für einen wesentlichen Teil der betreffenden Waren den Wettbewerb auszuschalten.

Nach dem System der Legalausnahme obliegt es den betroffenen Unternehmen, ihre eigenen Verhaltensweisen zu bewerten und in das System von Kartellverbot und Freistellung einzuordnen. Um der Wirtschaft diese Einschätzung zu erleichtern, hat die EU-Kommission ganze Gruppen von Vereinbarungen in Gruppenfreistellungsverordnungen freigestellt.

Für das Franchiserecht ist die neue Gruppenfreistellungsverordnung für Liefer- und Vertriebsvereinbarungen (EU) Nr. 330/2010 von besonderer Bedeutung, die am 1.6.2010 in Kraft getreten ist. Diese Verordnung, kurz „Vertikal-GVO" genannt, gilt für die nächsten zwölf Jahre und tritt an die Stelle der bisherigen Vertikal-Verordnung (EG) Nr. 2790/1999. Die Vertikal-GVO der EU gilt gemäß § 2 GWB auch als innerdeutsches Recht für allein auf den nationalen Bereich bezogene Vertriebsvereinbarungen.

Die Vertikal-GVO ist daher für Franchiseverträge die maßgebliche Rechtsquelle sowohl im deutschen als auch im europäischen Bereich. Sie enthält grundlegende Regelungen zur Vereinbarkeit von Liefer- und Vertriebsverträgen mit dem Kartellverbot. Die EU-Kommission hat mit dieser Verordnung wesentliche Inhalte von Vertriebs- und damit von Franchiseverträgen von der Geltung des Kartellverbots ausgenommen. Da die neue Vertikal-GVO gegenüber der alten außer Kraft getretenen GVO Änderungen vorsieht, hat die Kommission eine Übergangszeit bis zum 31.5.2011 vorgesehen, innerhalb derer unzulässig gewordene Verträge der neuen Rechtssituation angepasst werden müssen. Die EU-Kommission hat die Vertikal-GVO in eigenen umfangreichen Leitlinien selbst kommentiert.

Voraussetzung für die Gruppenfreistellung nach der Vertikal-GVO ist, dass die Vertragsparteien die Marktanteilsschwellen von 30 % nicht überschreiten und die Vereinbarung keine Kernbeschränkungen oder sonstigen nicht freigestellte Beschränkungen enthält. Bei Beachtung dieses rechtlichen Rahmens haben die Vertragspartner Gewissheit, nicht gegen das Kartellverbot zu verstoßen. Anderenfalls drohen nicht nur hohe Bußgelder, sondern auch nichtige Verträge und ggf. Schadenersatzforderungen.

Nachfolgend werden die für das Franchising wesentlichen Punkte der Vertikal-GVO kurz dargestellt:

(1) Anders als die alte Franchise-GVO erfasst die neue Vertikal-GVO auch Vereinbarungen zwischen mehr als zwei Unternehmen; sie gilt außerdem auch für Franchise-Verträge über Zwischenerzeugnisse für den Wiederverkauf in Verbindung mit Be- und Verarbeitung sowie Franchise-Verträge zwischen Verbundunternehmen und deren Mitgliedern, wenn keines der Mitglieder mehr als EUR 50 Mio. Umsatz erzielt (Artikel 2 Abs. 1 u. 2 Vertikal-GVO).

(2) Die Vertikal-GVO enthält eine Liste von besonders schädlichen Beschränkungen **(„schwarze Klauseln")**, die nicht freistellungsfähig sind (Artikel 4 Vertikal-GVO). Enthält der Franchise-Vertrag eine solche Klausel, so ist er insgesamt nicht freistellungsfähig. Die schwarzen Klauseln betreffen insbesondere:

a) Preisbindungen in Form von Mindestpreisen und Festpreisen; zulässig sind jedoch grundsätzlich Höchstpreise und Preisempfehlungen, sofern sie sich nicht in Wirklichkeit aufgrund entsprechenden Drucks wie Fest- oder Mindestpreise auswirken. Zulässig sind außerdem Preisbindungen in der Einführungsphase eines neuen Produkts, um dessen erfolgreiche Markteinführung sicherzustellen. Eine derartige kurzfristige Preisbindung kann damit auch im Interesse der Verbraucher sein. Derartige zwei- bis sechswöchige Aktionen können daher preismäßig vom Franchise-Geber gesteuert werden.

b) Vertriebsbindungen z.B. durch Beschränkungen des Weiterverkaufs (etwa die Verpflichtung, Kunden an einen anderen Händler weiterzuleiten, Lieferverweigerungen oder Rabattkürzungen zur Durchsetzung derartiger Beschränkungen). Erlaubt sind jedoch Vertriebsbindungen in Form des Gebietsschutzes. Einem Franchise-Nehmer kann daher der aktive Verkauf in Gebiete oder an Kundenkreise verboten werden, die der Franchise-Geber sich selbst vorbehalten oder ausschließlich einem anderen Franchise-Nehmer zugewiesen hat. Zulässig sind auch das Verbot von aktiven oder passiven Verkäufen an unautorisierte Wiederverkäufer und Verwendungsbindungen bei industriellen Zwischenerzeugnissen.

c) Beschränkungen von Franchise-Nehmern bei aktiven oder passiven Weiterverkäufen an Endverbraucher (Privatpersonen oder Gewerbetreibende).

d) Beschränkungen von Querlieferungen zwischen Franchise-Nehmern.

(3) In Artikel 5 Vertikal-GVO werden weitere nicht freistellungsfähige Klauseln aufgelistet. Ein Verstoß hiergegen führt allerdings nur zur Nich-

tigkeit der betreffenden Klausel; der übrige Vertragsinhalt bleibt freistellungsfähig. Zu diesen **„roten Klauseln“** des Artikel 5 Vertikal-GVO zählen:

a) Bezugsbindungen, wonach der Franchise-Nehmer mehr als 80% des Einkaufsvolumens des Vorjahres vom Franchise-Geber oder einem von diesem benannten Dritten beziehen muss und/oder Konkurrenzverbote, sofern diese Beschränkungen für eine längere Dauer als fünf Jahre vereinbart werden.

   Zu beachten ist, dass derartige Bezugsbindungen und Konkurrenzverbote nach Auffassung der Kommissionen jedoch dann unschädlich sind (und nicht Art. 81 Abs. 1 EGV unterliegen), wenn sie erforderlich sind, um die Identität und den Ruf des Franchise-Netzes zu erhalten. Die vorgenannten Beschränkungen können außerdem auch dann auferlegt werden, falls der Franchise-Nehmer-Geschäftsbetrieb in Räumen ausgeübt wird, die im Eigentum des Franchise-Gebers stehen oder von diesem angemietet wurden.

   Die Guidelines lassen darüber hinaus 100%ige Bezugsbindungen und das Verbot des Verkaufs konkurrierender Waren/Dienstleistungen für eine Dauer von mehr als 5 Jahren zu, wenn die Investitionen des Franchise-Nehmers so hoch sind, dass sich diese innerhalb von fünf Jahren nicht amortisieren oder wenn die Regelungen aus Gründen des Know-how-Schutzes erforderlich sind.

b) Nicht zulässig sind nachvertragliche Herstellungs-, Bezugs- oder Vertriebsverbote jedoch mit folgenden Ausnahmen: Ein nachvertragliches, zeitlich unbeschränktes Verbot für den Franchise-Nehmer, das Know-how auch nach Vertragsende nicht selbst zu nutzen und nicht an Dritte weiterzugeben, ist zulässig. Nachvertragliche Wettbewerbsverbote, die sich auf konkurrierende Produkte beziehen und zum Schutz des überlassenen Know-how unerläßlich sind und sich auf Räumlichkeiten und Grundstücke beschränken, in denen der Franchise-Nehmer während der Vertragsdauer sein Geschäft betrieben hat, sind für die Dauer eines Jahres nach Vertragsende erlaubt.

(4) Die Kommission hat entschieden, den Internetvertrieb im Interesse des Preiswettbewerbs und einer breiten Produktauswahl für die Verbraucher zu fördern. Aufgrund dessen sieht die neue Vertikal-GVO die nachfolgenden (geänderten) Regeln vor:

Wie bereits unter Geltung der alten Freistellungsverordnung muss es jedem Händler (Franchise-Nehmer) möglich sein, Produkte über das Internet zu verkaufen. Einschränkungen des sog. passiven Verkaufs sind daher weiterhin als Kernbeschränkungen unzulässig. Was die Kommission unter aktiven und passiven Verkäufen versteht, ist in Randziffer 51 der Leitlinien zur Vertikal-GVO niedergelegt. Aktive Verkäufe liegen vor, wenn einzelne Kunden aktiv angesprochen werden oder bestimmte Kundengruppen oder Kunden in einem Gebiet z. B. mittels Medienwerbung akquiriert werden oder wenn ein Lager oder eine Verkaufsstätte in dem betreffenden Gebiet eröffnet wird. Verkäufe sind hingegen passiv, wenn unaufgeforderte Bestellungen einzelner Kunden zum Vertragsabschluss führen oder allgemeine Werbe- und Verkaufsförderungsmaßnahmen z. B. im Internet die Kunden erreichen, die in anderen Vertriebsgebieten (z. B. anderer Franchise-Nehmer) beheimatet sind.

Der Verkauf über eine Website gilt daher grundsätzlich als passiver und damit generell erlaubter Verkauf. Online-Werbung, die sich speziell an bestimmte Kunden richtet („Territory based banners"), kann jedoch untersagt werden. Der Franchise-Geber darf daher nicht verhindern, dass die aus einem anderen Vertriebsgebiet herstammenden Kunden die Website des Franchise-Nehmers besuchen oder den Franchise-Nehmer verpflichten, die Verkaufsabwicklung mit dem aus dem anderen Vertriebsgebiet herstammenden Kunden abzubrechen. Auch darf der Franchise-Geber die Internetaktivitäten nicht auf einen bestimmten Anteil der Verkäufe des Franchise-Nehmers beschränken. Umgekehrt kann der Franchise-Geber jedoch verlangen, dass der Franchise-Nehmer zumindest eine bestimmte Stückzahl (nicht aber einen Prozentsatz seines Absatzvolumens) der Produkte im Ladenlokal vertreibt.

Auch ist es dem Franchise-Geber untersagt, höhere Preise zu verlangen für die über das Internet vertriebenen Produkte.

Erlaubt ist es jedoch, den Franchise-Geber zu verpflichten, bestimmte qualitative Standards für die Nutzung des Internetvertriebs einzuhalten. Er kann darüber hinaus den Franchise-Nehmer verpflichten, die Produkte zumindest auch und in einem mengenmäßigen Umfang von Ladenlokalen aus zu vertreiben. Außerdem kann der Franchise-Geber von dem Franchise-Nehmer verlangen, die Vertragsprodukte nur über solche Verkaufsplattformen dritter Anbieter zu vertreiben, wenn Letztere den Anforderungen und Bedingungen entsprechen, die vom Franchise-Geber bzw. von dessen Lieferanten festgelegt wurden.

(5) Generell wird die Freistellung nach der Vertikal-GVO nur dann gewährt, wenn die beteiligten Unternehmen über maximal 30% Marktanteil verfügen (Art. 3 Abs. 1 Vertikal-GVO). Oberhalb dieser Schwelle ist allein eine Einzelfreistellung möglich. Maßgebend ist der Marktanteil des Franchise-Gebers auf dem Markt, auf dem er die Waren bzw. Dienstleistungen vertreibt. Für die Ermittlung des Marktanteils sind die Waren oder Dienstleistungen, die Gegenstand der Vereinbarungen sind, und die sons-

tigen Waren oder Dienstleistungen der beteiligten Unternehmen maßgebend, die vom Verbraucher aufgrund ihrer Eigenschaft, ihrer Preislage oder ihres Anwendungszwecks als austauschbar angesehen werden. Nach der alten GVO war der Marktanteil des Abnehmers (also des Franchise-Nehmers) auf dessen Absatz- sowie Einkaufsmärkten für die Anwendbarkeit der GVO grundsätzlich ohne Bedeutung. Diese einseitige Berücksichtigung der Marktmacht des Anbieters führte nach Auffassung der Kommission dann zu unbefriedigenden Ergebnissen, wenn kleinere Anbieter marktstarken Abnehmern gegenüberstanden (z. B. im Lebensmittel-Einzelhandel durch die großen Filial- oder Kooperationsunternehmen wie EDEKA und REWE). Nach der neuen Vertikal-GVO ist nun auch der Marktanteil des Abnehmers relevant. Er darf 30 % auf dem Bezugsmarkt (also dem Einkaufsmarkt) des Franchise-Nehmers nicht überschreiten.

(6) In den Genuss dieser besonderen Ausnahmen zugunsten von Franchise-Vereinbarungen kommt der Franchise-Geber jedoch nur dann, wenn er die Voraussetzungen des Franchise-Begriffes nach der Vertikal-GVO erfüllt. Dieser verlangt, dass es sich um geheimes, wesentliches und identifiziertes Know-how handeln muss, welches für die Ausübung des Franchise-Konzeptes unerläßlich sein muss.

Insoweit ist zu bemerken, dass deutsche Obergerichte ohnehin verlangen, dass zwischen Franchise-Geber und Franchise-Nehmer ein Know-how-Transfer zu erfolgen hat und dass der Franchise-Geber darlegungs- und beweispflichtig dafür ist, dass das auf den Franchise-Nehmer transferierte Know-how für diesen von wirtschaftlichem Nutzen ist.[20] [21]

h) Die weitere Rechtsentwicklung

Insbesondere der Franchise-Geber wird insbesondere bei einer Internationalisierung seines Systems besondere Aufmerksamkeit der europäischen Rechtsentwicklung unter spezieller Berücksichtigung der EU-rechtlichen Vorschriften widmen. Hier sind z. B. die belgische, französische und spanische Gesetzgebung zur Informations- und Offenbarungspflicht des Franchise-Gebers zu nennen. Im Jahr 2002 wurde von dem Internationalen Institut für die Vereinheitlichung des Privatrechts (Unidroit) der Entwurf eines Modellgesetzes zur vorvertraglichen Aufklärung des Franchise-Nehmers veröffentlicht (Doc. 48, Rom April 2002). In den Vereinigten Staaten

---

20 Vgl. OLG Oldenburg, DStR 1998, 903-Servicemaster m. Anm. *Flohr*; *Haager*, NJW 1999, 2081, 2084.

21 Zur neuen Vertikal-GVO vgl. näher z. B. *Maleck/Bodungen*, Die neue Vertikal-GVO und ihre Auswirkungen auf die Gestaltung von Liefer- und Vertriebsverträgen, BB 2010, 2383.

besteht eine umfassende Gesetzgebung zum Franchise-Recht. Diese findet sich in erster Linie im Recht der einzelnen Bundesstaaten und dient dem Schutz vor Übervorteilung des Franchise-Nehmers.

In Deutschland beansprucht die Rechtsprechung zur vorvertraglichen Aufklärungspflicht weiterhin starke Beachtung.[22] Darüber hinaus ist das Thema der Partizipation der Franchise-Nehmer an den sog. Lieferantenvorteilen nach wie vor von erheblicher Bedeutung.[23] Einzelheiten z. B. zur Frage, ob der Franchise-Geber im Rahmen der vorvertraglichen Aufklärung den Franchise-Nehmer umfassend über die Verteilung eventueller Lieferantenvorteile aufklären muss, sind nach wie vor umstritten.[24]

Mitunter wird im Zusammenhang mit der rechtlichen Würdigung des Franchising der Gedanke eines Netzwerkrechts thematisiert. Mangels gesetzlicher und auch anderweitiger dogmatischer Herleitbarkeit, sind diese Tendenzen abzulehnen. Franchiseverträge sind zweiseitige Vertragsverhältnisse, die nicht durch weitere Netzwerkrechte der Franchise-Nehmer überlagert werden!

22 Z. B. OLG München, BB 2001, 1759.

23 Die Apollo-Entscheidungen des BGH, BB 2003, 2254 sowie der Praktikerbeschluss des BGH, WM 2009, 374 haben die grundlegenden Fragen geklärt.

24 Vgl. dazu *Liesegang*, Jahrbuch Franchising 2008, S. 154 ff.

VI. Franchise-Vertrag[25]

Zwischen ....

– im Folgenden Franchise-Geber genannt –

und ....

– im Folgenden Franchise-Nehmer genannt –

1. Grundlagen

1.1 Der Franchise-Geber hat ein System für einen besonders wirtschaftlichen Betrieb von ..... entwickelt.

---

25 Auch die im vorliegenden Vertragsmuster enthaltenen Regelungen sind in jedem Einzelfall vor Übernahme anhand der konkreten Umstände und der laufend ergehenden höchstrichterlichen Rechtsprechung zu überprüfen.
Wie unterschiedlich bzw. ineinander überfließend Franchise-Verträge zu anderen Vertragstypen sein können, zeigt der Holiday-Inn-Hotel-Management-Vertrag, der – obgleich er sich rechtlich als Betriebsführungsvertrag darstellt und nicht als typischer Franchise-Vertrag – mit den in der Einleitung erwähnten Kennzeichen wirtschaftlich eine Form des Franchising darstellt. Der Franchise-Geber setzt bei diesem Franchise-System seine Weisungs- und Einflussrechte durch den Managementvertrag und die Stellung eines fremden Managers in besonderer Weise durch. Vergleiche dazu das Urteil des Bundesgerichtshofs vom 5. Oktober 1981 – II ZR 203/80. Die Entscheidung mit den zugrunde liegenden Vertragsbedingungen ist ausführlich abgedruckt in ZIP 1982, 578 ff. Zu Fragen der Sittenwidrigkeit vgl. z. B. LG Karlsruhe, NJW-RR 1989, 822. Franchise-Verträge werden regelmäßig vom Franchise-Geber aufgestellt. Schon wegen der erforderlichen Einheitlichkeit des Auftretens gegenüber dem Kunden, aber auch im Hinblick auf die einheitliche Organisation im Verhältnis des Franchise-Gebers zu sämtlichen Franchise-Nehmern haben die einzelnen Franchise-Nehmer – von geringfügigen Modifikationen abgesehen – in der Regel nur die Wahl, den vom Franchise-Geber vorgelegten Vertrag als Ganzes zu akzeptieren oder von der angestrebten Vertragsbeziehung abzusehen. Da die Franchise-Verträge daher vom Franchise-Geber für eine Vielzahl von Anwendungsfällen vorformuliert werden, unterliegen sie den §§ 305ff. BGB. Die Verträge sind jedoch vielfach zur Verwendung im kaufmännischen Geschäftsverkehr bestimmt, so dass die Anwendung gemäß der Regelungen über allgemeine Geschäftsbedingungen gemäß § 310 BGB eingeschränkt ist. Regelungen in vorformulierten Franchise-Verträgen, die den Franchise-Nehmer entgegen den Geboten von Treu und Glauben unangemessen benachteiligen, sind aber auch in diesen Fällen nach § 307 BGB-Gesetz nichtig. Vor allzu einseitig an den Interessen des Franchise-Gebers ausgerichteten Verträgen, wie sie mitunter aus den USA bekannt werden, ist daher zu warnen.

1.2 Dieses System wird unter der Marke „.....“ betrieben.

1.3 Aufgrund der Verbreitung des Franchise-Netzes im In- und Ausland ist die Marke „.....“ für die Verbraucher zu einem Begriff geworden und hat durch die Art ihrer Verwendung im Zusammenhang mit dem Geschäftsbetrieb der Franchise-Nehmer eine besondere Kennzeichnungskraft erlangt. Die mit großen Buchstaben geschriebenen Worte erscheinen regelmäßig in ..... Schrift auf ..... Hintergrund. Als weiteres Merkmal ist dem Namen das Bild einer ..... auf rotem Grund beigefügt. Die Worte ..... werden mit dieser Farb- und Formgebung insbesondere an der Außenfront aller Geschäftslokale, im Rahmen der Ausstattung und Inneneinrichtung der Geschäftslokale, auf den Werbematerialien, den Geschäftspapieren und der Verpackung der Produkte hervorgehoben.

1.4 Typisch für das System sind neben der Namensgebung in Wort und Bild die Art und Anordnung der Einrichtung und Organisation des Betriebs, das Produktsortiment, die Qualität der Produkte, das im Detail ausgearbeitete Marketing und Vertriebskonzept, die Verhaltensformen, die Kleidung und die Ausbildung des Personals, das Werbekonzept sowie weiteres Know-how, das den Erfolg des Systems bedingt.

1.5 Der Franchise-Geber hat sich entschlossen, das entwickelte Know-how und die gesammelten Erfahrungen an die Franchise-Nehmer weiterzugeben, um gegenüber dem Verbraucher einheitlich aufzutreten. Der Franchise-Nehmer kommt damit auch in den Genuss des vom Franchise-Geber geschaffenen Goodwill. Der Franchise-Nehmer hat sich nach Prüfung des Systems entschlossen, diesem als Franchise-Nehmer beizutreten.

1.6 Die Vertragsparteien sind sich darüber einig, dass das einheitliche Auftreten gegenüber dem Verbraucher notwendig ist, und dass daher im Interesse des Franchise-Systems und des einzelnen Franchise-Nehmers die Regelungen dieses Vertrages und des Geschäftsordnungssystems strikt eingehalten werden.[26]

1.7 Die Vertragsparteien werden in vertrauensvoller Zusammenarbeit mit dem gemeinsamen Ziel tätig werden, eine aktive Absatzpolitik zu betreiben und ein erfolgreiches Geschäft aufzubauen. Der Franchise-Nehmer wird den Ruf und den Namen des Franchise-Gebers in jeder Weise aufrechterhalten und alles unterlassen, was sich auf Ruf und Namen des Franchise-Gebers nachteilig auswirken könnte.

26 Zur Zulässigkeit, dem Franchise-Nehmer bestimmte Qualitäts- und Verhaltensstandards vorzuschreiben vgl. BGH, NJW 1985, 1894 (McDonald's).

2. Vorvertragliche Aufklärung[27]

2.1 Der Franchise-Geber hat dem Franchise-Nehmer folgendes Informationsmaterial vor Vertragsabschluss zu überlassen … .

2.2 Der Franchise-Geber hat dem Franchise-Nehmer das in der Anlage beigefügte Merkblatt zur vorvertraglichen Aufklärung vor Vertragsabschluss ausgehändigt.

2.3 Der Franchise-Nehmer bestätigt, dass er vor Abschluss dieses Franchise-Vertrages ausreichend Gelegenheit hatte, das Franchise-System insgesamt und dessen Einzelheiten insbesondere im Hinblick auf dem vom Franchise-Nehmer zu eröffnenden Franchise-Betrieb kennenzulernen und die vom Franchise-Geber gegebenen Informationen selbst oder durch dritte Berater überprüfen zu lassen.

2.4 Der Franchise-Nehmer versichert, dass er gemäß den in der Anlage niedergelegten Informationen über die finanziellen Voraussetzungen, die beruflichen Erfahrungen und das erforderliche Wissen verfügt, um das franchisierte Geschäft zu eröffnen und zu führen.

3. Vertragsgegenstand und Rechtsinhaberschaft

3.1. Der Franchise-Geber stellt ..... und andere Produkte her und handelt mit ..... Die vom Franchise-Geber hergestellten und von ihm gehandelten Waren (nachfolgend Vertragsprodukte bezeichnet) sowie die Franchise-Betriebe und das gesamte Franchise-System sind gekennzeichnet durch:[28]

a) den Firmen- und Handelsnamen ..... ,

b) die in der Zeichenrolle des deutschen Patentamtes unter den Nummern ..... eingetragenen Marke ..... ,

c) die in der Gebrauchsmusterrolle des deutschen Patentamtes unter den Nummern ..... eingetragenen Gebrauchsmuster ..... ,

d) die besonderen Produktnamen, Wortzeichen, Werbesätze, Symbole und Bilder, insbesondere in ..... Farbe auf ..... Grund,

e) besonderes Know-how und das in dem Franchise-Geschäftsordnungssystem näher umschriebene Erfahrungswissen insbesondere auf dem Gebiet der Erstellung und Vermarktung von .....,[29]

---

27 Zur vorvertraglichen Aufklärungspflicht vgl. OLG München, BB 1988, 865; NJW 1994, 667; BB 2001, 1759 sowie *Böhner*, BB 2001, 1749 ff. sowie Einführung V 2a.

28 In Betracht kommen insb. eingetragene Wort- und Bildzeichen sowie Ausstattungen.

29 Um in den Genuss der Freistellungsverordnung für Vertikalvereinbarungen zu kommen, muss das Franchisesystem Know-how aufweisen. Siehe Einführung V 2 g (6).

f) kundenorientierte Einbauanleitungen und weiteres Informationsmaterial,

g) Art und Anordnung der Einrichtung des Betriebes, die Sortimentsgestaltung, die Abwicklung des Verkaufs, die Verhaltensformen und Kleidung des Personals sowie weitere Details, die den besonderen Geschäftswert der Geschäfte ausmachen (Franchise-Geber-typisches Organisations- und Marketing-System).

3.2 Der Franchise-Geber räumt dem Franchise-Nehmer für das Vertragsgebiet ..... (genaue Bezeichnung) das Recht der Nutzung aller in Abs. (1) aufgeführten Rechte, des gesamten Know-how und des Erfahrungswissens sowie der sonstigen Kennzeichnungen des Franchise-Systems zur Herstellung und zum Vertrieb der vom Franchise-Geber hergestellten Vertragsprodukte in diesem Bezirk ein. Der Know-how-Transfer erfolgt insbesondere durch die Erstschulung des Franchise-Nehmers und durch Einweisung des Franchise-Nehmers in das Geschäftskonzept und die Führung des franchisierten Geschäfts sowie durch die Zurverfügungstellung des Geschäftsordnungssystems, das im Handbuch (vgl. Ziff. 7) niedergelegt ist. Das Vertragsgebiet bestimmt sich nach den öffentlich-rechtlichen Grenzen der genannten Gemeinden zum Zeitpunkt des Vertragsabschlusses. Der Franchise-Nehmer ist verpflichtet, die ihm eingeräumten Rechte gemäß den Festlegungen des Vertrages zu nutzen und auszuüben.

3.3 Der Franchise-Geber kann die Vertragsprodukte unter Wahrung der gemeinsamen Interessen der Vertragspartner und nach rechtzeitiger Information des Franchise-Nehmers ändern und/oder die Produktion bzw. den Handel mit einzelnen Produkten einstellen;[30] irgendwelche Rechte kann der Franchise-Nehmer hieraus nicht ableiten, es sei denn, die betreffenden Maßnahmen sind für den Franchise-Nehmer unzumutbar.[31]

3.4 Weitere und/oder neue Produkte werden nur durch ausdrückliche schriftliche Zusatzvereinbarung zu Vertragsprodukten.

3.5 Die Herstellung und der Vertrieb werden im Geschäftslokal des Franchise-Nehmers in ..... erfolgen und beginnen so früh wie möglich, jedoch spätestens innerhalb von drei Monaten nach Vertragsunterzeichnung.

---

30 Änderungsvorbehalte zugunsten eines Franchise-Gebers sind mit den AGB-rechtlichen Vorschriften des BGB grundsätzlich vereinbar, weil dem Hersteller allein das Recht zur Bestimmung seiner Modellpolitik zusteht (vgl. *Liesegang*, BB 1991, 2381 ff. sowie für den Vertragshändlervertrag BGH, NJW 1985, 623, 627).

31 Der Franchise-Geber ist zur rechtzeitigen Information des Franchise-Nehmers verpflichtet (vgl. BGH, DB 1972, 330).

3.6 Das Geschäftslokal und der Geschäftsbetrieb des Franchise-Nehmers werden unter der Bezeichnung „.....“ geführt.[32]

3.7 Der Franchise-Geber wird in dem in Absatz (2) definierten Vertragsgebiet nicht mit einem Dritten eine Kooperation in dem in diesem Vertrag niedergelegten Sinne eingehen[33] oder eine eigene Filiale eröffnen. Der Franchise-Geber wird im Vertragsgebiet mit Ausnahme des Franchise-Nehmers und der nachfolgend aufgeführten Firmen keine Dritten mit den in Absatz (1) genannten Vertragsprodukten beliefern.[34] Folgende Firmen wird der Franchise-Geber selbst beliefern.[35]

3.8 Wird im Vertragsgebiet des Franchise-Nehmers ein Einkaufszentrum mit zumindest 30 Einzelhandelsgeschäften eröffnet und hält der Franchise-Geber eine Präsenz seines Systems für zweckmäßig, so wird er dem Franchise-Nehmer die Eröffnung eines weiteren franchisierten Ladenlokals in dem Ladenzentrum anbieten. Macht der Franchise-Nehmer von diesem Angebot binnen eines Monats keinen Gebrauch, so ist der Fran-

---

32 Der Franchise-Geber sollte darauf achten, dass seine besonderen Kennzeichnungen auf den Geschäftspapieren des Franchise-Nehmers deutlich abgesetzt verwendet werden. Die Vermischung und Erweckung des Eindrucks, die besondere Kennzeichnung sei Bestandteil der Firma des Franchise-Nehmers, kann einen Firmenmissbrauch darstellen (vgl. OLG Frankfurt, DB 1989, 1023). Zur irreführenden Benutzung der Firmenbezeichnung des Franchise-Gebers durch den Franchise-Nehmer siehe OLG Bremen, NJW 1994, 1292 f. mit Anm. von *Ullmann*, NJW 1994, 1255 ff.; vgl. ferner *Flohr*, WiB 1995, 454 ff.

33 Ein Alleinvertriebsrecht zugunsten des Franchise-Nehmers – d. h. sein Recht, in dem ihm zugewiesenen Gebiet von dem Franchise-Geber allein mit den Vertragsprodukten beliefert zu werden – ist eine Absatzbindung des Franchise-Gebers, die kartellrechtlich relevant ist. Siehe dazu die Einführung V 2 g).
Das Alleinvertriebsrecht des Franchise-Nehmers kann nicht nur durch die Einsetzung eines anderen Franchise-Nehmers, sondern auch durch Maßnahmen verletzt werden, die wirtschaftlich eine Einschränkung des Alleinvertriebs bewirken. Vergleiche für den Fall des Vertragshändlers: BGH, WM 1970, 1451: Vertrieb der Vertragserzeugnisse durch eine neu gegründete Tochtergesellschaft des Herstellers; BGH, BB 1972, 1204: Vertrieb der Vertragserzeugnisse in anderer Aufmachung; BGH, BB 1984, 233 ff.; unzulässige Verkleinerung des Marktverantwortungsbereiches.

34 Im Fall des Verstoßes hat der Franchise-Nehmer Anspruch auf Schadenersatz in Höhe des durch die Direktlieferungen entgangenen Gewinns, das Recht zur fristlosen Kündigung sowie Schadenersatzansprüche im Hinblick auf den durch die vorzeitige Vertragsbeendigung entstandenen Schaden (vgl. BGH, BB 1975, 1409, und BGH, WM 1970, 1451, 1453). Eine analoge Anwendung von § 87 Abs. 2 HGB und Ansprüche aus § 687 Abs. 2 BGB scheiden bei Verletzung des Alleinvertriebsrechts durch den Franchise-Geber aus (vgl. BGH, BB 1984, 1313 betr. Eigenhändler).

35 Das Alleinvertriebsrecht wird mitunter begrenzt, um dem Franchise-Geber Direktlieferungen an besondere Kunden (z. B. Einkaufszentralen) zu ermöglichen.

chise-Geber berechtigt, dieses Geschäft selbst oder durch einen anderen Franchise-Nehmer betreiben zu lassen.

4. Verpflichtung des Franchise-Nehmers als natürliche Person[36]

4.1 Vertragspartner des Franchise-Gebers ist die als Franchise-Nehmer bezeichnete Person persönlich. Gründet oder übernimmt der Franchise-Nehmer zum Betrieb des Geschäfts eine Personen- oder Kapitalgesellschaft, so gehen die Rechte und Pflichten aus diesem Vertrag nicht auf die Gesellschaft über. Mit vorheriger schriftlicher Zustimmung des Franchise-Gebers kann jedoch der Gesellschaft die Nutzung der in diesem Vertrag zugunsten des Franchise-Nehmers vorgesehenen Rechte gestattet werden.

4.2 Um die in diesem Vertrag niedergelegten Rechtsbeziehungen der Vertragsparteien nicht zu beeinträchtigen, wird der Franchise-Geber grundsätzlich seine Zustimmung nach Absatz 1 nur geben, wenn die vom Franchise-Nehmer gegründete oder übernommene Gesellschaft die Rechtsform einer Kommanditgesellschaft oder einer GmbH hat, wobei dritte Personen im Fall der Kommanditgesellschaft nur die Stellung von Kommanditisten haben und im Fall der GmbH die weiteren Gesellschafter zusammen nicht mehr als 49 % der Anteile halten dürfen. In jedem Fall ist sicherzustellen, dass der Franchise-Nehmer rechtlich und tatsächlich in der Lage bleibt, alleinverantwortlich und alleinentscheidend die in diesem Vertrag niedergelegten Verpflichtungen zu erfüllen. Anderenfalls kann eine Zustimmung nach Absatz 1 fristlos widerrufen werden.

5. Allgemeine Pflichten des Franchise-Gebers,[37] **Einkaufsvorteile**[38]

5.1 Der Franchise-Geber unterstützt den Franchise-Nehmer durch Beratung und Information hinsichtlich der kaufmännischen Organisation und Führung, der werblichen Gestaltung, der Einrichtung und Ausstattung des Geschäfts, der Ausbildung des Personals, der Verkaufstechnik, der Produkte, des Einkaufs, des Marketing und ganz allgemein hinsichtlich der Umstände, die den Umsatz und die Rentabilität des franchisierten Ge-

---

36 Regelungen dieser Art setzen ein schutzwürdiges Interesse des Franchise-Gebers voraus, den Franchise-Nehmer als natürliche Person zu binden. Erforderlich sind jeweils weitere Bestimmungen, die den Fall der Dienstunfähigkeit oder des Todes des Franchise-Nehmers regeln (vgl. unten Ziff. 17.18). Zu Fragen der Selbstständigkeit des Franchise-Nehmers vgl. oben V 2 a.

37 Über die im Vertragsmuster aufgezählten Tätigkeitsbereiche hinaus können dem Franchise-Geber je nach konkreter Ausgestaltung des Franchise-Systems weitere Pflichten auferlegt werden.

38 Vgl. zum Ganzen näher *Liesegang*, Einkaufsvorteile und Transparenz in Franchisesystemen, Jahrbuch Franchising 2008, S. 154 ff. m. w. N.

schäfts maßgeblich beeinflussen. Im einzelnen erbringt der Franchise-Geber u. a. folgende Leistungen:

- Standortanalyse
- Einrichtungspläne unter Berücksichtigung des vorhandenen Ladenlokals einschl. Innen- und Außendekoration
- Finanzierungs- und Liquiditätspläne
- Werbepläne
  - für die Eröffnungswerbung
  - für die laufende Werbung einschl. besonderer Werbeveranstaltungen
- Beratung und Hilfe bei der Erlangung öffentlich-rechtlicher Genehmigungen
- Anforderungs- und Auswahlkriterien zur Personaleinstellung
- Geschäfts- und Organisationsanweisungen
- Schulung des Personals
- Kundendienst- und Montageanleitungen
- Organisation und Zurverfügungstellung eines Waren-Einkaufs- und Warenwirtschaftssystems
- Zurverfügungstellung des Marketing- und Vertriebskonzepts
- Standardprogramm für das Rechnungswesen (Buchhaltung, Statistik und betriebswirtschaftliche Auswertung mit Vergleichszahlen zur Branche und zu anderen Franchise-Nehmern einschl. des dazugehörigen Formularwesens)
- Allgemeine Unterstützung des Franchise-Nehmers durch Know-how-Transfer, allgemeine Beratung und Schwachstellenanalyse durch Betriebsvergleiche.

Die Einzelheiten regelt der vorliegende Vertrag und das Geschäftsordnungssystem.

5.2 Der Franchise-Geber stellt dem Franchise-Nehmer Ausstellungsstücke von Vertragsprodukten gemäß dem gesondert abzuschließenden Ausstellungsvertrag zur Verfügung.

5.3 Der Franchise-Geber gibt dem Franchise-Nehmer die Möglichkeit, zur Weiterbildung mindestens zweimal jährlich mit bis zu 10 Mitarbeitern an jeweils 2-Tages-Seminaren des Franchise-Gebers teilzunehmen. Die Kosten für Anreise, Unterkunft und Verpflegung trägt der Franchise-Nehmer. Der Franchise-Nehmer und der verantwortliche Verkaufs-Mitarbeiter sind verpflichtet, zumindest an einem Verkaufs- und Schulungsseminar p.a. teilzunehmen.

5.4 Der Franchise-Geber stellt dem Franchise-Nehmer Unterlagen, Kataloge, Prospekte, Werbeträger, Preislisten und dergleichen sowie ein Exemplar des Franchise-Geschäftsordnungssystems (vgl. Ziff. 7) ohne gesondertes Entgelt zur Verfügung. Die in Satz 1 genannten Materialien bleiben im Eigentum des Franchise-Gebers, sofern und soweit sie nicht im Rahmen eines ordentlichen Geschäftsbetriebs an Kunden weitergegeben werden.

5.5 Der Franchise-Geber wird den Franchise-Nehmer regelmäßig, mindestens vierteljährlich, über die Entwicklung der Vertragsprodukte und der Marktsituation informieren.

5.6 Zielsetzung der Einkaufspolitik des Franchise-Gebers ist es, eigene Produkte und Produkte der zugelassenen Lieferanten dem Franchise-Nehmer zu angemessenen Konditionen anzubieten. Für die Sortimentszusammenstellung, die Produktentwicklung sowie auch für Marketingleistungen erhält der Franchise-Geber von den jeweiligen Lieferanten ggf. sog. Lieferantenvorteile (Boni, Rabatte, Werbekostenzuschüsse etc.). Zwischen den Vertragspartnern besteht Einigkeit darüber, dass diese Lieferantenvorteile bei dem Franchise-Geber verbleiben. Der Franchise-Geber ist demgemäß nicht verpflichtet, über den Empfang und das Volumen dieser sog. Einkaufsvorteile gegenüber den Franchise-Nehmern Rechenschaft abzugeben.

6. Stellung, allgemeine Pflichten und Bezugspflichten des Franchise-Nehmers, Preisbindungskompetenz[39]

6.1 Der Franchise-Nehmer bleibt wirtschaftlich und rechtlich selbstständiger Unternehmer. Er kauft und verkauft im eigenen Namen und auf eigene Rechnung. Er ist zur Vertretung des Franchise-Gebers nicht befugt.[40]

---

39 Von besonderer Bedeutung sind die Bezugs- und Vertriebsbedingungen des Franchise-Nehmers.
Im Mustervertrag ist in Ziff. 6.2 eine Bezugsbindung vorgesehen. Hierzu sind die Regelungen der §§ 505 Abs. 1 Nr. 3, Abs. 2; 355 BGB zu beachten vgl. Einleitung V 2 d) und g). Auch eine 100 %-ige Bezugsbindung ist nicht per se kartellrechtswidrig. Der Bundesgerichtshof hat in seiner Praktiker-Entscheidung (WRP 2009, 2008 ff.) die Verpflichtung des Franchise-Nehmers, Vertragsware allein vom Franchise-Geber zu beziehen dann nicht als unbillige Behinderung i. S. v. § 20 GWB angesehen, wenn sie dazu diene, die Einheitlichkeit eines Franchisesystems und seiner Qualitätsstandards zu sichern. Gleiches gilt nach Auffassung des BGH für die Kombination einer 100 %-igen Bezugsbindung mit einer nicht vollständigen Weitergabe von Einkaufsvorteilen. Ist also die Bezugsverpflichtung für den Erhalt und das Funktionieren des Franchisesystems unerlässlich, so liegt kein Kartellrechtsverstoß gegen Artikel 101 AEUV bzw. 20 GWB vor (siehe auch *Flohr*, BB 2009, 2159 ff. sowie Einführung V 2 g).

40 Die ausdrückliche Klarstellung ist zweckmäßig, da der Franchise-Nehmer gegenüber dem Kunden die Marke und die besondere Ausstattung des Franchise-Gebers benutzt und daher der Eindruck eines Auftretens als Vertreter des Franchise-Gebers gegenüber dem Kunden leicht möglich wäre. Vgl. insofern auch die korrespondierende Haftungsregelung in Ziff. 14 des Mustervertrages.

6.2 Mindestens 80 v. H. der vom Franchise-Nehmer vertriebenen Waren müssen Vertragsprodukte (Ziff. 3.1 Satz 2) des Franchise-Gebers sein. Maßgebend ist insoweit der Netto-Einkaufs-Jahresumsatz (ohne MwSt.) des Franchise-Nehmers. Die Lieferanten für die übrigen Waren sind frei, soweit sie nicht vom Franchise-Geber gesperrt sind. Werden entgegen dieser Vereinbarung mehr Fremdprodukte vertrieben, so erhält der Franchise-Geber als pauschalierten Schadenersatz 15 v. H. des Nettoverkaufsumsatzes aller Fremdumsätze, die den nach Satz 1 zugelassenen Umfang übersteigen. Der Franchise-Geber ist berechtigt, einen darüber hinausgehenden Schaden geltend zu machen. Dem Franchise-Nehmer bleibt nachgelassen einen geringeren Schaden nachzuweisen. Folgende Lieferanten sind gesperrt: ... .

Der Franchise-Nehmer verpflichtet sich, die Vertragsprodukte wegen des zugrundeliegenden Patentschutzes, der Kompatibilität aller Vertragsprodukte, der Qualitätssicherung sowie der ständigen auch modisch bedingten Fortentwicklung des Gesamtsortiments während der Dauer des Vertrages ausschließlich vom Franchise-Geber oder von anderen Franchise-Nehmern oder vom Franchise-Geber autorisierten Händlern zu beziehen.[41]

6.3 Der Verkauf der vom Franchise-Geber bezogenen Produkte darf nur unter der Marke des Franchise-Gebers erfolgen.

6.4 Dem Franchise-Nehmer ist aktives Marketing außerhalb seines Vertragsgebietes nicht gestattet, soweit dieses auf Gebiete bezogen ist, die der Franchise-Geber sich entweder selbst zur Nutzung vorbehalten hat oder dies Dritten, insbesondere anderen Franchise-Nehmern zur Nutzung überlassen wurde.[42] Diese Gebiete sind in der Anlage ... zu diesem Vertrag aufgeführt.

6.5 Der Franchise-Nehmer ist verpflichtet, den insbesondere durch Ruf und Namen des Franchise-Systems verkörperten hohen geschäftlichen Standard bei seiner Geschäftstätigkeit in jeder Weise aufrechtzuerhalten und alles zu unterlassen, was sich auf Ruf und Namen des Franchise-Systems nachteilig auswirken könnte.

6.6 Der Franchise-Nehmer verpflichtet sich, die vom Franchise-Geber überlassenen Unterlagen, Materialien, Ausstellungsstücke usw. sorgfältig zu behandeln und insbesondere die Kataloge und anderen Werbemittel des Franchise-Gebers ordnungsgemäß zu verteilen. Im Übrigen gilt Ziff. 5.4 Satz 2.

---

41 Zur Zulässigkeit von Querlieferungen vgl. Art. 4 EU-Vertikal-GVO.

42 Vgl. zu der EU-kartellrechtlichen Frage oben V 2 g).

6.7 Der Franchise-Nehmer ist entsprechend Ziff. 5.3 zur Teilnahme an Schulungsseminaren verpflichtet.

6.8 Der Franchise-Nehmer wird dem Franchise-Geber über die Geschäftsentwicklung, die regionale Marktsituation und die Tätigkeit von Konkurrenzunternehmen im Vertragsgebiet mindestens halbjährlich sachgerecht berichten. Er ist insoweit verpflichtet, dem Franchise-Geber sachdienliche Auskunft zu erteilen.[43]

6.9 Der Franchise-Nehmer wird die Regeln des lauteren Wettbewerbs beachten[44] und zu den anderen Franchise-Nehmern des Franchise-Gebers (nachfolgend Franchise-Partner genannt) ein kooperatives Verhältnis anstreben.[45]

6.10 Der Franchise-Nehmer ist in der Gestaltung seiner Verkaufspreise frei. Der Franchise-Geber behält sich jedoch vor, unverbindliche Preisempfehlungen und/oder Höchstpreise bekannt zu geben sowie bei der Einführung von neuen Produkten für die Dauer von einem Monat Mindestpreise vorzuschreiben.[46]

---

43 Der Franchise-Geber ist allgemein zur rechtzeitigen und richtigen Information über alle für den Franchise-Nehmer wesentlichen Umstände (z. B. Produktionsumstellungen) verpflichtet; vgl. zur ähnlichen Fragestellung beim Vertragshändlervertrag schon BGH, DB 1972, 330.

44 Beauftragte i. S. v. § 8 Abs. 2 UWG können auch selbstständige Unternehmen sein. Schon das Reichsgericht hat insoweit die Haftung einer Uhren-Einkaufsgenossenschaft für wettbewerbswidrige Handlungen ihrer Uhrmacher-Genossen angenommen, obgleich letztere selbstständige Kaufleute waren (RGZ 151, 287, 291; jetzt zur Haftung des Franchise-Gebers in Bezug auf Werbemaßnahmen des Franchise-Nehmers BGH, NJW 1995 2355 ff. Der BGH, BB 2000, 1959 – hat inzwischen klargestellt, dass der Franchise-Geber nicht auf Schadenersatz haftet, da § 14 Abs. 4 UWG insoweit keine Zurechnungsvorschrift enthält.
In Übereinstimmung mit der bisherigen Rechtsprechung bejaht der BGH die Inanspruchnahme des Franchise-Gebers auf Unterlassung.

45 Die zwischen den Franchise-Partnern bestehenden Pflichten sind im Franchise Vertrag ausdrücklich und klar zu regeln. Die einzelnen Franchise-Nehmer stehen nämlich zueinander nicht in vertraglicher oder gesellschaftsrechtlicher Beziehung, so dass die Annahme ungeschriebener Treuepflichten der einzelnen Franchise-Nehmer zueinander in der Regel ausscheidet.

46 Die Preisfestsetzungsfreiheit des Franchise-Nehmers ist aufgrund der kartellrechtlichen Regelungen zwingend. Siehe oben die Hinweise auf die Regelungen von Artikel 4 der Vertikal-GVO, Einführung V 2 g). Heute drohen allerdings Einwirkungen auf die Preisfestlegung eher von den jeweiligen Lieferanten. Vgl. insoweit z. B. *Besen/Jorias*, Kartellrechtliche Grenzen des Category Managements unter Berücksichtigung der neuen EU-Leitlinien für vertikale Beschränkungen, BB 2010, 1099 ff.

7. Geschäftsordnungssystem[47, 48]

7.1 Der Franchise-Geber hat Richtlinien und Grundsätze entwickelt und entwickelt diese weiter, die insbesondere den Geschäftsablauf, die Zusammenarbeit mit dem Franchise-Nehmer und den anderen Franchise-Partnern (vgl. § 5 Abs. 8) beschreiben und festlegen, welche die Festigung der Identität und Integrität des Systems und die Optimierung der Systemanwendung in allgemeiner wirtschaftlicher Hinsicht sicherstellen.

Die Richtlinien und Grundsätze sind bzw. werden im „......-Geschäftsordnungssystem" niedergelegt. Die im Geschäftsordnungssystem als verbindlich ausgewiesenen Regelungen sind wesentlicher Bestandteil des vorliegenden Vertrages. Sie binden die Vertragspartner in der jeweils gültigen Fassung.

7.2 Zwischen den Vertragspartnern besteht Einigkeit darüber, dass der Franchise-Geber das System entsprechend den Markt- und Wettbewerbsverhältnissen weiterentwickeln muss. Änderungen und Ergänzungen des Geschäftsordnungssystems gegenüber dem Stand bei Vertragsabschluss sind daher erforderlich. Sie werden dem Franchise-Nehmer jeweils rechtzeitig vor Inkrafttreten bekannt gemacht. Änderungen und Ergänzungen werden ausschließlich in dem Umfang vorgenommen, der aus Marketing-, organisatorischen, technischen oder betriebswirtschaftlichen Gründen als zweckmäßig erscheint. Der Franchise-Geber hat dabei die Interessen des Franchise-Nehmers angemessen zu berücksichtigen. Das im Vertrag zum Ausdruck kommende Gleichgewicht von Leistung und Gegenleistung, die allgemeine Abgrenzung der Risikosphären sowie die Leistungsfähigkeit des Franchise-Nehmers müssen gewahrt bleiben.[49] Der Franchise-Geber ist berechtigt, Änderungen und Ergänzungen dem Franchise-Nehmer per Datenfernübertragung (via Intranet des Franchise-Systems) zu übermitteln.

7.3 Das Geschäftsordnungssystem regelt insbesondere folgende Bereiche:

- Geschäftsablauf im Verhältnis zum jeweiligen Auftraggeber, Kundenbetreuung;
- Auftragsvermittlung und -abschluss;

---

47 Zur Befugnis des Franchise-Gebers, Richtlinien zu Qualitäts- und Verhaltensstandards vorzugeben, vgl. bereits BGH, NJW 1985, 1894, 1995.

48 Eine zu weit gehende Beschneidung der unternehmerischen Freiheit durch umfassende Regelungen im Geschäftsordnungssystem muss aus Gründen der Selbstständigkeit des Franchise-Nehmers und des AGB-Rechts vermieden werden, vgl. dazu die Eismann Entscheidung des BGH (oben V 2 a).

49 Zur Zulässigkeit von Änderungsvorbehalten vgl. bei Fn. 10 und BGHZ 89, 206, 211 = NJW 1984, 1182, 1183, BGH, NJW 2008, 360.

- Auftragsabwicklung;
- Warenwirtschaft;
- Marketing und Vertrieb;
- Qualitätsmanagement
- Versicherungswesen;
- Verwaltungsangelegenheiten;
- Transportfahrzeuge;
- das EDV-System;
- Werberichtlinien (insbesondere Beschriftung der Transportfahrzeuge);
- E-commerce und Internet-Auftritt;
- Formularwesen.

7.4 Der Franchise-Nehmer hat das Recht, das Geschäftsordnungssystem vor Vertragsabschluss in Gegenwart des Franchise-Gebers einzusehen und zu prüfen. Ein Exemplar des Geschäftsordnungssystems wird dem Franchise-Nehmer nach Zahlung des Einmalhonorars (Ziff. 8.1) und Ablauf der Widerrufsfrist[50] gemäß §§ 505 Abs. 1 Ziff. 3 Abs. 2, 355 BGB übergeben. Das Handbuch mit dem Geschäftsordnungssystem bleibt Eigentum des Franchise-Gebers und ist bei Vertragsbeendigung unaufgefordert zurückzugeben.

8. Vergütungen

8.1 Für die Überlassung des Know-how zahlt der Franchise-Nehmer ein einmaliges Honorar von EUR ...... zuzüglich gesetzlicher Umsatzsteuer. Das Honorar ist mit Abschluss des Vertrages fällig.[51]

8.2 Als Gegenleistung für die Vorteile, die dem Franchise-Nehmer durch die Ausschließlichkeit des Verkaufs der Waren und Dienstleistungen unter der Bezeichnung ... eingeräumt werden und für die anderen in diesem Vertrag niedergelegten Rechte und Leistungen zahlt der Franchise-Neh-

50 Vgl. zu Widerrufsrecht (oben V 2 d).

51 Vielfach ist eine „Eintritts-“, „Abschluss-“ oder „Einmalgebühr“ zu entrichten. Steuerlich ist es im Hinblick auf die Geltendmachung dieser Gebühr als Betriebsausgabe bzw. für die Frage der Abschreibungsdauer, sofern von einem aktivierungspflichtigen Wirtschaftsgut ausgegangen werden muss, von erheblicher Bedeutung, die Leistung der Gebühr und die dafür empfangene Gegenleistung genau zu definieren. Während z. B. Know-how, Gebietsexklusivität aktivierungspflichtige Wirtschaftsgüter sein können, scheidet dies bei dem Ersatz von Akquisitionsaufwendungen, Schulungskosten, Renovierungs- und Ausstattungsausgaben für das Ladenlokal in der Regel aus. Eine überhöhte Eintrittsgebühr für qualitativ minderwertiges Know-how kann zur Nichtigkeit des Vertrages wegen Sittenwidrigkeit führen (vgl. LG Karlsruhe, NJW RR 1989, 822 bestätigt durch OLG Karlsruhe vom 16. 3. 1989 – 12 U 235/88).

mer an den Franchise-Geber eine monatliche Vergütung von ...% des Netto-Verkaufsumsatzes des Franchisebetriebes zuzüglich der gesetzlichen Umsatzsteuer. Die Vergütung ist jeweils am fünfzehnten Werktag eines jeden Monats für den vorangegangenen Monat fällig. Sie berechnet sich aufgrund des vom Franchise-Nehmer jeweils erzielten Netto-Verkaufsumsatzes.

Verkaufsumsatz im Sinne dieser Vorschrift bedeutet die Summe aller Verkaufsumsätze des Franchisebetriebes (d. h. einschließlich der Verkaufsumsätze nicht vom Franchise-Geber bezogener Produkte) abzüglich in Rechnung gestellter Mehrwertsteuer.

8.3 Der Franchise-Nehmer ist verpflichtet, dem Franchise-Geber eine Einzugsermächtigung zur Abbuchung der Vergütung und der Kaufpreise für die Produkte des Franchise-Gebers zu erteilen.

8.4 Erbringt der Franchise-Geber über die in diesem Vertrag vorgesehenen Leistungen hinaus weitere Leistungen aufgrund besonderer Abmachung, so sind dafür jeweils gesonderte Honorare festzusetzen, die nach Rechnungsstellung ohne Abzug fällig sind und die über die Einzugsermächtigung (Abs. 3) abgewickelt werden.

9. Geschäftslokal

9.1 Der Franchise-Nehmer verpflichtet sich, seine geschäftliche Tätigkeit ausschließlich in dem Geschäftslokal gemäß Ziff. 3.5 auszuüben. Das Geschäftslokal ist entsprechend den vom Franchise-Geber gegebenen Anweisungen hinsichtlich des Gebrauchs der in § 2 Abs. 1 aufgeführten Namen, Wortzeichen, Werbesätze, Bilder usw. einzurichten, auszustatten und zu erhalten, und zwar mit dem Ziel, das Markenbild des Franchise-Gebers am günstigsten in Erscheinung treten zu lassen. Insbesondere sind im Rahmen der Außenwerbung mindestens zwei neonhinterleuchtete Tafeln mit der Marke anzubringen.

Die Kosten für diese Einrichtungen und die sonstige Geschäftseinrichtung trägt der Franchise-Nehmer.

9.2 Eine Verlegung des Geschäftslokals oder eine Veränderung der Ausstellungsfläche oder der Aufmachung des Geschäftslokals, welche den Gesamteindruck verändern kann, bedarf der vorherigen schriftlichen Zustimmung des Franchise-Gebers.

9.3 Der Franchise-Geber ist berechtigt und verpflichtet, den Franchise-Nehmer zu beraten und zur Einhaltung der Vertragsbestimmungen anzuhalten. Hierzu erlaubt der Franchise-Nehmer dem oder den Beauftragten des Franchise-Gebers, das Ladenlokal einschließlich der Nebenräume zu den üblichen Öffnungszeiten zu betreten und die notwendigen Feststellungen zu treffen, wobei vom Franchise-Nehmer jede vertrags- und sachbezogene Auskunft zu erteilen ist und die notwendigen Unterlagen vorzulegen sind.[52]

9.4 Die Eröffnung weiterer Geschäftslokale zum Vertrieb der Vertragsprodukte durch den Franchise-Nehmer in dem ihm eingeräumten Kundenbezirk, bzw. in anderen Bezirken, bedarf der vorherigen schriftlichen Zustimmung des Franchise-Gebers. Stimmt der Franchise-Geber zu, gilt der Vertrag auch für diese Geschäftslokale.

9.5 Der Mietvertrag für das Geschäftslokal muss so gestaltet sein, dass der Franchise-Geber die Nachfolge im Mietverhältnis des Franchise-Nehmers antreten kann, wenn dieser aus dem vorliegenden Vertragsverhältnis ausscheidet.[53] Aus diesem Grunde ist der Mietvertrag vor Abschluss dem Franchise-Geber zur Genehmigung vorzulegen.

9.6 Das Geschäftslokal und die Geschäftsfront sind stets in einem ordentlichen, sauberen Zustand zu halten. Der Franchise-Nehmer hat in angemessenen Abständen Schönheitsreparaturen vorzunehmen oder vornehmen zu lassen. Die Einzelheiten regelt das Geschäftsordnungssystem.

9.7 Die Schaufensterbeleuchtung und die Beleuchtung der Werbeanlage sind spätestens vor Eintritt der Dämmerung einzuschalten und frühestens um 24.00 Uhr abzuschalten.

9.8 Der Name des Franchise-Nehmers tritt nach außen nur in der durch zwingende Rechtsvorschriften geforderten Form in Erscheinung (z. B. Beschriftung an der Ladentür aufgrund gewerberechtlicher Vorschriften).[54]

9.9 Wird das Geschäftslokal zerstört oder ist es aus sonstigen Gründen ganz oder zu einem erheblichen Teil nicht mehr zu den in diesem Vertrag vorausgesetzten Zwecken nutzbar, so ist der Franchise-Nehmer verpflichtet, unverzüglich das Geschäftslokal zu erneuern bzw. wieder herzurichten oder nach entsprechender vorheriger schriftlicher Zustimmung des Franchise-Gebers ein anderes, dem bisherigen Geschäftslokal entsprechendes

---

52 Befugnisse des Franchise Gebers zur Kontrolle der Einhaltung der Richtlinien für einen einheitlichen Qualitätsstandard sind zulässig. Lediglich Kontrollbefugnisse, die die unternehmerische Selbstständigkeit des Franchise-Nehmers beeinträchtigen, oder den Franchise-Nehmer unbillig benachteiligen sind unwirksam (vgl. näher *Liesegang*, BB 1991, 2381ff.).

53 Sofern eine derartige Regelung gewünscht ist, sind weitere Bestimmungen zur Übernahme des Anlage- und Umlaufvermögens sowie zur Abgeltung des Kundenstammes analog § 89 b HGB erforderlich.

54 Eine Vermischung von Franchise und Firma des Franchise-Nehmers wäre ein unzulässiger Firmenmissbrauch (vgl. OLG Frankfurt, DM 89, 1023 und oben Fn. 32 zu Ziff. 3.6).

Geschäftslokal im Vertragsgebiet zu der vertraglich vorgesehenen Nutzung zu erwerben und herzurichten. Für das neue Geschäftslokal gelten die Bestimmungen dieses Vertrages in gleicher Weise.

9.10 Ändert der Franchise-Geber die Kennzeichnungen seines Franchise-Systems, insbesondere die in Ziff. 3.1 lit. d. aufgeführten Merkmale, so ist der Franchise-Nehmer verpflichtet, die Kennzeichnung und Aufmachung seines Geschäftslokals innen und außen entsprechend anzupassen. Übersteigt der dafür aufzuwendende Geldbetrag die Summe von vier Monatsvergütungen nach Ziff. 7.2 binnen eines Zeitraums von vier Jahren, so hat der Franchise-Geber zwei Drittel des übersteigenden Betrages zu übernehmen. Dieser Betrag ist einen Monat nach Rechnungseinreichung durch den Franchise-Nehmer fällig.

10. Werbung[55]

10.1 Der Franchise-Geber übernimmt die allgemeine internationale, nationale und überregionale Werbung. Diese ist auf die Sicherstellung des Bekanntheitsgrades der Marke und der Vertragsprodukte gerichtet.

10.2 Der Franchise-Nehmer übernimmt die lokale Werbung. Der Franchise-Geber stellt dafür Vorlagen, Layouts etc. zur Verfügung. Soweit der Franchise-Nehmer von den Vorlagen des Franchise-Gebers abweicht, ist er verpflichtet, den Franchise-Geber von beabsichtigten Werbemaßnahmen zu informieren. Der Franchise-Geber hat nur dann das Recht, derartige Werbemaßnahmen zu untersagen, wenn seine Interessen oder diejenigen des Franchise-Systems betroffen sind. In jedem Fall hat der Franchise-Nehmer bei seinen Werbemaßnahmen entsprechend den Festlegungen im Geschäftsordnungssystem die Marke des Systems hervorzuheben.

10.3 Gemäß den Richtlinien im Geschäftsordnungssystem verpflichten sich die Vertragspartner zur Eröffnungswerbung.

10.4 Die Einzelheiten der Werbung und insbesondere die kostenmäßige Verteilung der Werbemaßnahmen sind im Geschäftsordnungssystem geregelt.

11. Kundendienst, Depotabrede

11.1 Der Franchise-Nehmer verpflichtet sich, den Kundendienst – insbesondere Gewährleistungs-[56] und allgemeine Reparaturarbeiten – und die

---

55 U. U. kann es auch zweckmäßig sein, den Besuch von Messen und Ausstellungen vertraglich zu regeln und z. B. regionale Veranstaltungen dem Franchise-Nehmer im Sinne einer Teilnahmepflicht zuzuweisen.

56 Zum Thema Herstellergarantien im EG-Recht vgl. Reich, Garantien unter Gemeinschaftsrecht, EuZW 1995, 71 ff.

sonstige Betreuung der Kunden im Vertragsgebiet zu übernehmen; dies gilt auch für solche Kunden, welche bereits vor Inkrafttreten dieses Vertrages vom Franchise-Geber herstammende Produkte bezogen haben oder welche von anderen Franchise-Partnern oder vom Franchise-Geber autorisierten Händlern die Vertragsprodukte erworben haben. Die Einzelheiten im Hinblick auf die Abrechnung, die Beteiligung des Franchise-Gebers an diesen Dienstleistungen und deren Kosten regelt das Geschäftsordnungssystem.

11.2 Der Franchise-Nehmer ist verpflichtet, entsprechend den im Geschäftsordnungssystem enthaltenen Festlegungen die erforderlichen Kundendiensteinrichtungen in sachlicher und personeller Hinsicht vorzuhalten.

11.3 Der Franchise-Nehmer ist verpflichtet, entsprechend den im Geschäftsordnungssystem enthaltenen Festlegungen Warenvorräte sowie Vorräte der gewöhnlich benötigten Ersatzteile in ausreichendem Umfang im Lager vorzuhalten.[57] Einzelheiten regelt das Geschäftsordnungssystem.

12. Qualitätsmanagement, Zertifizierung

12.1 Um sich gegenüber Wettbewerbern zu differenzieren, verpflichtet sich der Franchise-Nehmer ein striktes Qualitätsmanagement im Rahmen seines Geschäftsbetriebes durchzusetzen. Er wird daher insbesondere die im Geschäftsordnungssystem enthaltenen Regelungen über das Qualitätsmanagement beachten.

12.2 Der Franchise-Geber ermöglicht es dem Franchise-Nehmer durch ein besonderes Zertifizierungsverfahren die Leistungsfähigkeit des Franchise-Nehmer-Betriebes zu dokumentieren. Der Franchise-Nehmer ist verpflichtet, seine Arbeitsprozesse sowie die ..... Service-Ergebnisse durch das von dem Franchise-Geber autorisierte Zertifizierungsunternehmen überprüfen und bewerten zu lassen. Sofern der Standard des Zertifizierungsverfahrens erfüllt wird, ist der Franchisenehmer berechtigt, das Zertifizierungslogo mit dem Zusatz „geprüfte Servicequalität“ zu führen. Wegen der erheblichen Bedeutung des Zertifizierungsverfahrens einerseits zur Abgrenzung gegenüber Wettbewerbern und andererseits zur Sicherstellung des Qualitätsnachweises ist der Franchise-Nehmer verpflichtet, an dem Zertifizierungsverfahren teilzunehmen. Die Zertifizierung erfolgt gemäß der in der Anlage .... beigefügten Zertifizierungsvereinbarung.

---

57 Kartellrechtlich ist eine Bezugsbindung des Franchise-Nehmers im Hinblick auf die Ersatzteile nicht unproblematisch. Vgl. Art. 2 lit. e) der EG-Freistellungsverordnung.

13. Schutzrechte, Know-how[58]

13.1 Der Franchise-Nehmer ist verpflichtet, den Franchise-Geber über alle ihm bekanntgewordenen Verletzungen der diesem Vertrag zugrundeliegenden Schutzrechte und des sonstigen Know-how unverzüglich zu unterrichten.

13.2 Der Franchise-Geber ist berechtigt, gegen solche Maßnahmen eines Dritten einzuschreiten, auch wenn sich die Verletzungshandlungen allein auf das dem Franchise-Nehmer gewährte Vertragsgebiet beziehen. Sofern der Franchise-Geber nicht binnen angemessener Frist gegen die Verstöße Dritter einschreitet, ist der Franchise-Nehmer berechtigt, selbst die Schutzrechtsverletzung zu verfolgen. Beide Vertragsparteien verpflichten sich, bei Verstößen durch Dritte zur gegenseitigen Hilfe, Unterstützung und Beratung.

13.3 Die Kosten der Abwehr der Verletzung durch den Dritten trägt bei eigenem Vorgehen der Franchise-Geber, sonst der Franchise-Nehmer. Erlangte Entschädigungszahlungen oder Schadenersatzansprüche stehen dem jeweils tätig gewordenen Vertragspartner zu. Werden Schadenersatzansprüche im Drittinteresse durchgesetzt, so erhält die klagende Partei ein Drittel der Schadenersatzforderung von dem Vertragspartner, dessen Schaden im Wege der Drittschadensliquidation durchgesetzt wurde, als pauschalen Auslagenersatz und Tätigkeitsvergütung. Eine vergleichsweise Erledigung einer Auseinandersetzung mit dem Dritten bedarf der Zustimmung beider Vertragspartner. Sieht der Franchise-Geber von der Verfolgung einer Schutzrechtsverletzung durch einen Dritten ab, so werden die Vertragspartner über eine mögliche Minderung der Vergütung nach Ziff. 7 des Vertrages verhandeln, wenn die Nutzungshandlungen des Dritten zu einer erheblichen Einschränkung der Nutzungsmöglichkeiten des Franchise-Nehmers und einer Umsatz- und Gewinnschmälerung führen.

13.4 Die Vertragspartner werden sich wechselseitig über etwaige konstruktive Änderungen und Verbesserungen der Vertragsprodukte, über

---

58 Hinsichtlich der gewerblichen Schutzrechte hat der Franchise-Vertrag Lizenzvertragscharakter. Da § 17 GWB nach teilweise vertretener Auffassung auch auf gemischte Verträge Anwendung finden (vgl. näher z. B. Emmerich, a.a.O., § 20 Rn. 96, 97), empfiehlt sich eine Beachtung der in § 17 GWB niedergelegten Grundsätze. Danach müssen im Fall von Verbesserungs- und Anwendungserfindungen den entsprechenden Verpflichtungen des Lizenznehmers gleichartige Pflichten des Lizenzgebers gegenüberstehen (§ 17 Abs. 2 Ziff. 2 GWB, vgl. Abs. 5 des Vertragsmusters).
Nichtangriffsabreden sind zwar nach § 17 Abs. 2 Ziff. 3 GWB zulässig; sie verstoßen jedoch gegen EU-Kartellrecht, so dass allein eine Regelung entsprechend Abs. 6 in Betracht kommt.

auftretende Probleme und deren Lösung unverzüglich informieren. Allgemein werden sich die Vertragspartner bei der Nutzung und Verteidigung des in § 2 des Vertrages umschriebenen Franchise-Know-hows wechselseitig unterstützen und beraten.

13.5 Zukünftige Fortentwicklungen des Franchise-Systems durch eine der Vertragsparteien werden ebenfalls zum Vertragsgegenstand nach Ziff. 3 des Vertrages.[59] Sie stehen der uneingeschränkten Nutzung aller am Franchise-System Beteiligten zu, sofern die Vertragspartner nicht etwas anderes vereinbaren. Die Vertragsparteien treffen im Einzelfall Absprachen über eventuelle Schutzrechtsanmeldungen und eine etwaige Veränderung der Vergütung nach Ziff. 7 des Vertrages.

13.6 Greift der Franchise-Nehmer die Vertragsrechte selbst oder durch Dritte an, oder unterstützt er Dritte beim Angriff in irgendeiner Form, so hat der Franchise-Geber das Recht, das Vertragsverhältnis fristlos oder unter Einräumung einer Abwicklungsfrist zu kündigen. Gleiches gilt bei Angriffen auf Fortentwicklungen des Franchise-Systems.

13.7 Wird die Schutzrechtserteilung auf ein Vertragsrecht rechtskräftig versagt, so wird dadurch die Rechtswirksamkeit des Vertrages im übrigen nicht berührt. Entsprechendes gilt, wenn ein Vertragsrecht für nichtig erklärt, beschränkt wird oder erlischt. Die Vertragspartner werden – sofern diese Umstände erhebliche Auswirkungen auf das gesamte Franchise-System insbesondere hinsichtlich der Gewinnerwartung des einzelnen Franchise-Nehmers haben – über entsprechende neue vom Franchise-Geber binnen angemessener Frist zu schaffende (Ersatz-)Schutzrechte und – falls dies nicht möglich ist oder der Franchise-Geber auf diese Möglichkeit verzichtet – über eine Anpassung der in Ziff. 7 des Vertrages niedergelegten Vergütung Verhandlungen aufnehmen.

14. Versicherungen, Haftung

14.1 Der Franchise-Nehmer ist verpflichtet, folgende Versicherungen abzuschließen und bis zur Vertragsbeendigung aufrechtzuerhalten:[60]

---

59 Diese Regelung muss näher ausgestaltet werden, insbesondere auch im Verhältnis zu Ziff. 3.4.

60 Der Abschluss der im Mustervertrag genannten Versicherungen wird vielfach als Vertragspflicht vorgesehen, um den Geschäftsbetrieb des Franchise-Nehmers in seinem eigenen, aber auch im Interesse des Franchise-Gebers dauerhaft aufrechtzuerhalten. Außerdem können sich Versicherungen auch aus Gründen der Haftungsvorsorge zugunsten des Franchise-Gebers empfehlen. Es kann nämlich u. U. nicht völlig ausgeschlossen werden, dass der Franchise-Geber unter dem Gesichtspunkt der Rechtsscheinhaftung von Dritten in Anspruch genommen wird.

1. Versicherungsschutz gegen Feuer-, Einbruch-, Diebstahl- und Beraubungs-, Leitungswasser- und Sturmschäden.
2. Versicherungsschutz gegen Betriebsunterbrechung als Folge einer der unter 1 erwähnten Gefahren.
3. Versicherungsschutz gegen Glasbruch von Fensterscheiben und Spiegeln sowie Beschädigung von Transparenten mit Leuchtröhren.
4. Versicherungsschutz gegen Haftpflichtansprüche Dritter (incl. Produkthaftpflicht).
5. Versicherungsschutz gegen Unterschlagung und Veruntreuung von Geld und Wertpapieren durch angestellte Personen.

14.2 Der Franchise-Nehmer ist verpflichtet, dem Franchise-Geber jederzeit Auskunft und Einblick in die Versicherungsunterlagen zu geben bzw. zu gestatten. Er ermächtigt hiermit den Franchise-Geber, unmittelbar von den Versicherungen Auskünfte einzuholen.

14.3 Der Franchise-Nehmer haftet gegenüber dem Franchise-Geber für sämtliche von Dritten im Zusammenhang mit dem Geschäftsbetrieb oder dem Geschäftslokal des Franchise-Nehmers gegen den Franchise-Geber geltend gemachten Ansprüche gleich welcher Art.[61] Der Franchise-Nehmer hat sicherzustellen, dass weder der Franchise-Geber noch ein Franchise-Partner[62] wegen solcher Ansprüche herangezogen werden. Dies gilt insbesondere bei werblichen Maßnahmen jeder Art.[63] Muss sich der Franchise-Geber oder ein Franchise-Partner gleichwohl wegen solcher Ansprüche gerichtlich oder außergerichtlich verteidigen, so trägt der Franchise-Nehmer sämtliche Verfahrenskosten einschließlich Rechtsanwaltsgebühren; im Verurteilungsfall hat der Franchise-Nehmer den Franchise-Geber oder den Franchise-Partner außerdem von der Erfüllung der Urteilsforderung freizustellen. Die Kostentragungs- bzw. Freistellungspflicht

---

61 Im Rahmen der verschiedenen Franchise-Systeme können Haftungsfragen unterschiedlichster Art entstehen. Einen instruktiven Fall behandelt z. B. der Bundesgerichtshof in seinem Urt. v. 26. Oktober 1977 (WM 1978, 245 f.), in dem sich die Franchise-Zentrale das Handeln eines Franchise-Nehmers über § 278 BGB zurechnen lassen musste; Leitsatz: Verwirkung des Provisionsanspruchs des „franchise"-gebenden Maklers beim Versuch eines „franchise"-nehmenden Maklers, den bevorstehenden, von einem anderen „franchise"-nehmenden Makler vermittelten Kaufabschluss zugunsten seines eigenen Kaufinteressenten zu hintertreiben.

62 Siehe die Definition des Franchise-Partners in Ziff. 6 des Mustervertrages.

63 Vgl. BGH, NJW 1995, 2355 ff., wonach der Franchise-Nehmer in der Regel als Beauftragter des Franchise-Gebers i. S. v. § 13 IV UWG anzusehen ist. Wenn im Außenverhältnis die Haftung nicht zu vermeiden ist, werden zumindest eindeutige interne Haftungsregeln benötigt.

besteht in dem Umfang nicht, in dem die Verurteilung auf einer Verletzung vertraglicher oder gesetzlicher Pflichten durch den Franchise-Geber oder den Franchise-Partner beruht.

15. Rechnungswesen und Jahresabschluss, Datenspeicherung

15.1 Der Franchise-Geber kann seine Betreuungs- und Unterstützungsfunktion gegenüber dem Franchise-Nehmer nur bei Erhalt der nachfolgenden und nach den Vorgaben des Franchise-Gebers aufbereiteten Informationen wahrnehmen. Der Franchise-Nehmer ist daher verpflichtet, sein Rechnungswesen, insbesondere seine Buchführung nach den Richtlinien des Franchise-Gebers zu gestalten. Der Franchise-Nehmer wird dem Franchise-Geber je ein Exemplar der monatlichen betriebswirtschaftlichen Auswertungen und der geprüften Jahresbilanzen einschließlich Gewinn- und Verlustrechnung zur Verfügung stellen. Die monatlichen Auswertungen sind binnen 30 Tagen und die jährlichen Auswertungen binnen 90 Tagen nach Ablauf des jeweiligen Zeitraumes an den Franchise-Geber zu übermitteln.

15.2 Der Franchise-Geber ist berechtigt, auf seine Kosten die Buchführung und den Jahresabschluss des Franchise-Nehmers durch einen von ihm beauftragten Wirtschaftsprüfer überprüfen zu lassen. Unbeschadet weiterer Ansprüche trägt der Franchise-Nehmer die gesamten Kosten der Überprüfung einschließlich Reisekosten usw., wenn der vom Franchise-Geber beauftragte Prüfer Unterschiede von mehr als 5 % zwischen den gemeldeten und nach Ziff. 7.2 abgerechneten Umsätzen einerseits und den tatsächlichen Umsätzen andererseits feststellt.

15.3 Der Franchise-Nehmer ist damit einverstanden, dass im Rahmen des vorliegenden Vertrages Daten über seine Person und über die das Vertragsverhältnis maßgeblichen Umstände bei dem Franchise-Geber gespeichert, geändert und/oder gelöscht und erforderlichenfalls, soweit nicht offenkundig die Interessen des Franchise-Nehmers verletzt werden, an Dritte zur ordnungsgemäßen Bearbeitung übermittelt werden (Hinweis gemäß § 26 Bundesdatenschutzgesetz).

16. Abwerbeverbot

Der Franchise-Nehmer darf keinen Mitarbeiter des Franchise-Gebers oder eines Franchise-Partners mittelbar oder unmittelbar abwerben, anstellen oder sonstwie beschäftigen, es sei denn, der Mitarbeiter ist bereits seit 6 Monaten aus den Diensten des Franchise-Gebers oder des Franchise-Partners ausgeschieden, oder der betreffende Arbeitgeber/Dienstherr hat vorher seine schriftliche Zustimmung zu dem Vorhaben gegeben.

17. Verschwiegenheit

Der Franchise-Nehmer und seine Mitarbeiter und Erfüllungsgehilfen haben über den Inhalt dieses Vertrages, des Franchise-Geschäftsordnungssystems und der sonst dem Vertrag beigefügten Unterlagen Verschwiegenheit zu bewahren.[64] Das Gleiche gilt hinsichtlich der im Geschäftsordnungssystem oder an anderer Stelle niedergelegten und/oder dem Franchise-Nehmer auf andere Weise (z. B. durch Schulungen) vermittelten Geschäfts- und Betriebsgeheimnisse des Franchise-Gebers. Diese Verpflichtung gilt auch für die Zeit nach Beendigung des Vertragsverhältnisses.[65]

18. Abtretung, Geschäftsveräußerung, Vorerwerbsrecht, Tod

18.1 Der Franchise-Nehmer kann die Rechte und Pflichten aus diesem Vertrag nicht ohne vorherige schriftliche Zustimmung des Franchise-Gebers auf Dritte übertragen. Eine Abtretung einzelner Rechte, eine Verpachtung, eine Verpfändung oder eine andere Verfügung, gleich welcher Art, ist ohne Zustimmung des Franchise-Gebers unzulässig.[66]

18.2 Beabsichtigt der Franchise-Nehmer den Franchise-Betrieb zu veräußern, so hat er dies dem Franchise-Geber unverzüglich schriftlich anzuzeigen und dabei alle persönlichen und finanziellen Angaben hinsichtlich des in Aussicht genommenen Erwerbers mitzuteilen, die es dem Franchise-Geber ermöglichen, zu entscheiden, ob der vorliegende Vertrag für die ursprünglich vereinbarte Dauer mit dem Erwerber fortgesetzt wird. In jedem Fall hat der in Aussicht genommene Erwerber die allgemeinen Anforderungen, die der Franchise-Geber an seine Franchise-Nehmer stellt,

---

64 Verletzt der Franchise-Nehmer die Verschwiegenheitspflicht, so steht dem Franchise-Geber während der Dauer des Vertragsverhältnisses das Recht zur fristlosen Kündigung zu. Daneben kann er Schadenersatz verlangen und den Franchise-Nehmer auf Unterlassung der weiteren Verwertung und auf Rückgabe der ihm überlassenen Unterlagen und Aufzeichnungen in Anspruch nehmen.
Als Anspruchsgrundlage kommen neben den vertraglichen Regelungen auch die Bestimmungen des Deliktrechts (§ 823 Abs. 1; § 826 BGB; § 823 Abs. 2 BGB i. V.m. § 1 UWG) in Betracht.

65 Die Geheimhaltungspflicht ergibt sich aus der Interessenwahrungspflicht bzw. aus der allgemeinen Treuepflicht gegenüber dem Franchise-Geber zur Wahrung und Förderung des Franchise-Zweckes (vgl. für den Handelsvertreter *Baumbach/Hopt,* HGB, § 90 Rn. 1). Daneben besteht das strafrechtliche Gebot aus § 18 UWG.

66 Der Erfolg eines Franchise-Betriebes hängt wesentlich von der persönlichen fachlichen und unternehmerischen Qualifikation des Franchise-Nehmers ab. Eine Klausel mit dem Verbot einer Abtretung ist deshalb zulässig, weil dem Franchise-Geber ein berechtigtes Interesse zusteht, dass der Betrieb nicht von fremden Personen geführt wird (vgl. für den Vertragshändlervertrag BGH, NJW 1985, 623, 629).

zu erfüllen. Dies bezieht sich insbesondere auf Bonität, Seriosität, Sachkunde und Geschäftserfahrung.

Der Franchise-Geber wird innerhalb von 2 Monaten nach Empfang der Ankündigung und der vollständigen Angaben entscheiden, ob der Veräußerung und Vertragsfortführung zugestimmt wird oder ob der Franchise-Geber selbst oder durch einen ihm benannten Dritten das Geschäft erwerben will.

18.3 Hat der Franchise-Nehmer den Willen, das Geschäft zu verkaufen, gegenüber dem Franchise-Geber nach Ziff. 18.2 kundgetan, so ist er auf entsprechende Aufforderung binnen zwei Monaten nach Eingang der schriftlichen Mitteilung über die Verkaufsabsicht verpflichtet, das Geschäft mit allen Aktiven und Passiven gemäß den nachfolgenden Regelungen auf den Franchise-Geber oder auf einen von ihm benannten Dritten innerhalb von weiteren drei Monaten zu übertragen.

Der von dem Franchise-Geber oder der vom Franchise-Geber benannten Person zu entrichtende Kaufpreis richtet sich nach der in der Anlage … niedergelegten Formel, z. B. 4 x EBIT. Die Verkaufsbedingungen haben denjenigen zu entsprechen, die zwischen nichtverbundenen Dritten üblicherweise vereinbart würden. Können sich die Parteien innerhalb von zwei Monaten, nachdem der Franchise-Geber seine Erwerbsabsicht oder diejenige des Dritten bekannt gemacht hat, nicht über den Preis und/oder die Verkaufsbedingungen einigen, so kann jede Seite den für den Sitz des Franchise-Gebers zuständigen Präsidenten der Industrie- und Handelskammer um ein Schiedsgutachten eines Wirtschaftsprüfers ersuchen, das für beide Parteien gleichermaßen bindend ist. Hinsichtlich der Bedingungen des Kaufvertrages hat sich der Schiedsgutachter anderer erfahrener Personen, wie zum Beispiel eines im Wirtschaftsrecht erfahrenen Anwalts, zu bedienen.

Die Kosten des Schiedsgutachtens tragen die jeweiligen Parteien je zur Hälfte.

Mit dem Vollzug des Verkaufs an den Franchise-Geber oder an den vom Franchise-Geber benannten Dritten scheidet der bisherige Vertragspartner einvernehmlich aus dem Vertrag aus, und der Erwerber wird Vertragspartner (sofern nicht der Franchise-Geber selbst das Geschäft erwirbt). Bis dahin begründete Rechte und Verpflichtungen der Parteien bleiben unberührt.

18.4 Möchte der Franchise-Geber das Geschäft nicht selbst oder durch einen Dritten erwerben (lassen), oder äußert sich der Franchise-Geber auf die Mitteilung der Verkaufsabsichten des Franchise-Nehmers innerhalb der in Abs. 2 genannten Frist nicht, so ist der Franchise-Nehmer berechtigt, das Geschäft zu veräußern, vorausgesetzt, dass der in Aussicht genommene Erwerber die unter Abs. 2 genannten Voraussetzungen erfüllt. Dies ist im Streitfall durch einen geeigneten Schiedsgutachter endgültig festzustellen, den die Parteien einvernehmlich oder durch den Präsidenten der für den Sitz des Franchise-Gebers zuständigen Industrie- und Handelskammer zu bestimmen haben.

18.5 Stirbt der Franchise-Nehmer oder wird er dauernd geschäftsunfähig, so wird der Franchise-Geber den Wunsch des Franchise-Nehmers, der Mitgesellschafter oder der Erben, das Geschäft an Stelle des Vertragspartners fortzuführen oder an einen Dritten zu veräußern, prüfen. Dabei hat der Franchise-Geber die in Abs. 2 niedergelegten Kriterien zugrunde zu legen. Im Falle der Veräußerung gelten die übrigen Regelungen von Ziff. 18 entsprechend.

19. Allgemeine Geschäftsbedingungen[67]

19.1 Auf die Lieferungen des Franchise-Gebers an den Franchise-Nehmer finden im übrigen die allgemeinen Geschäftsbedingungen des Franchise-Gebers (insbes. die Verkaufs-, Liefer-, Zahlungs- und Montagebedingungen) in ihrer jeweils gültigen Fassung Anwendung, ohne dass es hierfür im Einzelfall einer besonderen Vereinbarung bedarf.

19.2 Die den Lieferungen zugrundeliegenden Preise ergeben sich aus der jeweils gültigen Preisliste des Franchise-Gebers für Franchise-Nehmer.

19.3 Der Franchise-Geber informiert den Franchise-Nehmer jeweils über Änderungen der Allgemeinen Geschäftsbedingungen und der Preisliste. Die im Zeitpunkt des Vertragsabschlusses geltenden Fassungen sind in der Anlage zum Vertrag beigefügt.

---

67 Kartellrechtlich ist es unzulässig, den Franchise-Nehmer in der Freiheit der Gestaltung von Preisen oder Geschäftsbedingungen zu beschränken (siehe näher Einführung V 2 g). Die AGB des Franchise-Gebers können daher lediglich für das unmittelbare Verhältnis Franchise-Geber – Franchise-Nehmer vereinbart werden. Die wirtschaftliche Notwendigkeit, möglichst gleiche Haftungstatbestände in den Rechtsbeziehungen Franchise-Geber – Franchise-Nehmer und Franchise-Nehmer – Kunde zu vereinbaren, sollte auch ohne vertragliche Verpflichtung im Interesse beider Vertragspartner stets beachtet werden. Dies gilt insbes. im Hinblick auf Gewährleistungsfragen und die Produkthaftpflicht (vgl. zum Letzteren allg. *Kossmann,* NJW 1984, 1664 ff.).

Je nach wirtschaftlicher Ausgestaltung des Franchise-Systems können in dem Franchise-Vertrag auch differenzierte Regelungen über Mindestabnahmepflichten von Vertragsprodukten, Zahlungs- und Rabattvereinbarungen, Lieferungen auf Kredit mit und ohne Vereinbarung von Sicherungsrechten (insbesondere Eigentumsvorbehalt) aufgenommen werden. Zu Preisanpassungsklauseln. Zu den Rechten des Franchise-Gebers bei Verletzung von Mindestabnahmepflichten vgl. BGH, DB 1985, 1687 ff.

20. Wettbewerbsverbot

20.1 Der Franchise-Nehmer verpflichtet sich, während der Dauer des Vertrages sich weder unmittelbar oder mittelbar an einem anderen Unternehmen zu beteiligen, ein Unternehmen zu erwerben oder zu errichten, noch für ein anderes Unternehmen in irgendeiner Form unmittelbar oder mittelbar, selbstständig oder unselbstständig tätig zu sein, das mit dem Franchise-System in Konkurrenz steht. Zulässig ist allein eine Kapitalbeteiligung an konkurrierenden börsennotierten Unternehmen, die es dem Franchise-Nehmer nicht ermöglicht, einen wesentlichen Einfluss auf das geschäftliche Verhalten dieses Unternehmens auszuüben.[68]

20.2 In jedem Fall der Beendigung des Vertragsverhältnisses ist es dem Franchise-Nehmer für die Dauer von einem Jahr untersagt, in dem vom Franchise-Nehmer genutzten Ladenlokal ein Gewerbe zu betreiben, das sich mit dem Verkauf von ..... (genaue Definition der Produkte, die zu den Vertragsprodukten in Konkurrenz stehen) befasst.[69] Das Gleiche gilt für

---

68 Siehe früher Art. 3 Abs. 1 lit. d) EG-Freistellungsverordnung für Franchising.

69 Ein nachvertragliches Wettbewerbsverbot wird – ähnlich wie für Handlungsgehilfen nach § 74 a HGB und für Handelsvertreter nach § 90 a HGB – in Ausnahmefällen angezeigt sein. Der räumliche Umfang, für den das nachvertragliche Wettbewerbsverbot vereinbart ist, darf nur das Vertragsgebiet erfassen. Außerdem darf das nachvertragliche Wettbewerbsverbot nur für die Dauer eines Jahres nach Vertragsende vereinbart werden. Siehe näher die Vertikal-GVO – oben Einführung V 2 g (3b).
Die Pflicht zur Zahlung einer Entschädigung für die Einhaltung des Verbotes ist beim Franchise-Vertrag nicht zwingend. Früher neigte die Rechtsprechung (so KG Berlin, MDR 1974, 144 f.; LG Berlin, BB 1975, 61) jedoch unter Umständen dazu, Wettbewerbsverbote ohne Entschädigungsklausel als nach § 138 Abs. 1 BGB unzulässige Einschränkungen der wirtschaftlichen Bewegungsfreiheit des Franchise-Nehmers anzusehen und für nichtig zu halten. Der BGH, NJW RR 1987, 612 ff. – hat jedoch klargestellt, dass ggf. eine Entschädigung im Wege entsprechender Anwendung von § 90 a HGB zugesprochen werden kann. Auch wenn im Einzelfall eine Entschädigung geboten erscheint, muss diese demgemäß nicht im Vertrag niedergelegt sein, ohne dass die Gefahr der Unwirksamkeit besteht. Eine ausdrückliche Vertragsregelung ist nur dann angezeigt, wenn an der Entschädigungspflicht aufgrund individueller Umstände kein Zweifel besteht und die Regelung daher eine Begrenzung der Entschädigungspflicht zum Gegenstand hat. Die insoweit moglichen Einschränkungen sind durch die Rspr. noch nicht entschieden worden. Das OLG Düsseldorf (WuW/E OLG, S. 1683, 1684 „Wimpy“) sieht ein nachvertragliches Wettbewerbsverbot ohne Entschädigung als wirksam an, allerdings setzt es sich mit einer Analogie zu § 90 a HGB (vgl. BGH, NJW RR 1987, 612) nicht auseinander und verneint lediglich die Anwendung des § 74 Abs. 2 HGB.
Kartellrechtlich bereiten Wettbewerbsverbote in der Regel keine Schwierigkeiten. Maßgebend ist § 16, nicht § 14 GWB (OLG Düsseldorf, WuW/E OLG, 1683, 1684 „Wimpy“). Nach der EG-Vertikal-GVO darf das Wettbewerbsverbot die Dauer eines Jahres nach Vertragsbeendigung nicht überschreiten (Art. 5 lit. b). Außerdem sind die in der Vertikal-GVO aufgeführten weiteren Voraussetzungen zu beachten.

jede Tätigkeit für ein Konkurrenzunternehmen, gleichgültig ob diese Tätigkeit unmittelbar oder mittelbar in einem Anstellungsverhältnis oder selbstständig oder durch eine Mittelsperson ausgeübt wird. Der Franchise-Nehmer darf sich in dem genannten Zeitraum an einem solchen Unternehmen auch nicht direkt oder indirekt beteiligen oder es auf andere Weise fördern. Zulässig ist jedoch eine Beteiligung der in Abs. 1 S. 2 genannten Art. Der Franchise-Nehmer erhält eine angemessene Entschädigung in Höhe von maximal der Hälfte des auf die genannten Produktgruppen entfallenden jährlichen Durchschnittsgewinns der letzten drei Jahre, sofern ihm aufgrund besonderer individueller Umstände eine Tätigkeit außerhalb des Vertragsgebietes nicht zumutbar ist, so dass die Entschädigung wegen der besonderen Schutzwürdigkeit des Franchise-Nehmers rechtlich geboten erscheint.[70] Kündigt der Franchise-Geber aus wichtigem Grund fristlos (Ziff. 22), so hat der Franchise-Nehmer keinen Anspruch auf Entschädigung. Verzichtet der Franchise-Geber schriftlich auf die Wettbewerbsbeschränkung, so ist der Franchise-Geber mit Ablauf von vier Monaten seit der Erklärung von der Verpflichtung zur Zahlung der Entschädigung befreit.[71]

20.3 Die Entschädigung ist während der Dauer des Wettbewerbsverbots zu entrichten; sie ist nachträglich vierteljährlich auszuzahlen.

20.4 Ein während der Dauer des nachvertraglichen Wettbewerbsverbots vom Franchise-Nehmer erzielter anderweitiger oder ein böswillig unterlassener Erwerb ist auf die Wettbewerbsentschädigung in vollem Umfang anzurechnen.

21. Vertragsdauer und ordentliche Kündigung

21.1 Dieser Vertrag wird bis zum Ablauf des Kalenderjahres fest abgeschlossen, in dem das Vertragsverhältnis ..... Jahre besteht.[72]

---

70 Gesetzliche Grundlage ist § 90 a HGB analog. Ein aus den Umständen des Einzelfalls zu ermittelndes Recht auf eine Karenzentschädigung kann vertraglich nicht abbedungen werden. Vgl. BGH, NJW RR 1987, 612, 613 = DB 1987, 1039, 1040.

71 Ob eine derartige Abweichung von dem in § 90 a Abs. 2 HGB zum Ausdruck kommenden gesetzlichen Leitbild zulässig ist, wurde höchstrichterlich noch nicht entschieden.

72 Üblich sind mindestens fünf und höchstens 20 Jahre. Längerfristige Verträge oder einseitige Optionsrechte zugunsten des Franchise-Gebers sind bedenklich (vgl. etwa die Erwägungen des BGH, ZIP 1982, 578, 584, betreffend Geschäftsführungsvertrag „Holiday Inn"). Zur analogen Anwendung des § 89 HGB bei fehlender Vertragsregelung im Rahmen eines Vertragshändlerverhältnisses vgl. BGH, LM, § 89 Nr. 1.

21.2 Nach Ablauf der in Absatz 1 vereinbarten Vertragszeit verlängert sich der Vertrag jeweils um zwei Jahre, wenn er nicht durch eine der Parteien zwölf Monate vor seinem Ablauf gekündigt wird.[73]

21.3 Die Kündigung muss durch eingeschriebenen Brief mit Rückschein erfolgen. Das Datum des Poststempels ist für die Einhaltung der Kündigungsfrist maßgeblich.

22. Vorzeitige[74] und außerordentliche Kündigung

22.1 Sofern der jährliche Einkaufsumsatz (einschließlich Umsatzsteuer) des Franchise-Nehmers für Produkte des Franchise-Gebers

EUR .... für das erste Vertragsjahr
EUR .... für das zweite Vertragsjahr
EUR .... für das dritte Vertragsjahr

nicht erreicht, kann jede Vertragspartei binnen 6 Monaten nach Ablauf des jeweiligen Vertragsjahr diesen Vertrag mit einer Frist von 6 Monaten zum Ende eines jeden Kalendermonats kündigen, ohne dass hieraus gegenseitige Ansprüche entstehen.

Es bleibt den Vertragsparteien unbenommen, eine Änderung des Vertrages auszuarbeiten.

---

73 Die enge Zusammenarbeit zwischen den Vertragspartnern und die Abhängigkeit des Geschäftsbetriebs des Franchise-Nehmers vom Franchise-Geber erfordern wirtschaftlich angemessene Kündigungsfristen – vgl. OLG Stuttgart, WRP 1984, 645 „Bosch-Dienst“: Bei auf unbestimmte Zeit abgeschlossenen Eigenhändlerverträgen sind Kündigungsfristen von „deutlich unter einem Jahr“ kritisch zu betrachten; vgl. auch OLG Frankfurt, BB 1983, 1435, 1438: 3 Monate Kündigungsfrist bei Kfz-Händlervertrag ist zu kurz.

74 Es gibt zahlreiche Gründe für vorzeitige Kündigungen einer Vertragspartei, ohne dass ein wichtiger Grund gegeben ist. Zu der in der Praxis bedeutsamen „Strukturkündigung“ des Franchise-Gebers vgl. BGH, BB 2009, 1817 ff., *Emde*, Dienststrukturkündigung Nissans, BB 2010, 2330 ff; *Liesegang*, Regelungen dieser Art haben in der Vergangenheit mitunter dann zu Streitigkeiten geführt, wenn der Franchise-Nehmer für seine neue Aktivität staatliche Fördermittel in Anspruch nehmen wollte. Die Förderungsmaßnahmen setzen jeweils die Gründung selbstständiger und dauerhafter oder zumindest auf einen längeren Zeitraum ausgelegter Existenzen voraus. Bei einseitigen Kündigungsrechten des Franchise-Gebers bestehen nach Auffassung der Förderstellen Zweifel an der erforderlichen langfristigen Ausrichtung der Tätigkeit des Franchise-Nehmers. Darüber hinaus wird jeweils zu prüfen sein, ob sich der Franchise-Geber im Fall einer vorzeitigen Kündigung nicht Investitionsersatzansprüchen oder sonstigen Schadenersatzansprüchen aussetzt.
Schließlich können derartige Klauseln mit Wertsicherungsklauseln kollidieren, die eine bestimmte feste Mindestlaufzeit voraussetzen.

22.2 Wenn der Franchise-Nehmer eine ihm nach diesem Vertrag obliegende wesentliche Vertragspflicht trotz Abmahnung mittels eingeschriebenen Briefes mit Rückschein nicht binnen angemessener Frist nach Zugang des Briefes erfüllt, ist der Franchise-Geber berechtigt, diesen Vertrag fristlos zu kündigen.

22.3 Das Recht zur fristlosen Kündigung des Vertrages ist ferner in allen Fällen gegeben, in denen ein wichtiger Grund gemäß § 314 BGB dazu besteht,[75] so dass die Fortsetzung des Vertrages für den anderen Vertragspartner unzumutbar ist.

a) Ein wichtiger Grund liegt insbesondere vor bei:

- Einstellung der geschäftlichen Tätigkeit durch einen Vertragspartner,
- Versagung, Widerruf oder Rücknahme etwa erforderlicher Genehmigungen zur Ausübung des Franchise-Unternehmens, sofern dadurch der Franchise-Betrieb vorübergehend oder auf Dauer nicht aufgenommen oder fortgeführt werden kann,
- Zahlungsunfähigkeit oder Zahlungseinstellung seitens eines Vertragspartners,
- Nichtbeseitigung einer Pfändungsverfügung auf das Vermögen eines Vertragspartners binnen vier Wochen,
- Eröffnung des Insolvenzverfahrens über das Vermögen eines Vertragspartners oder Ablehnung der Eröffnung des Insolvenzverfahrens mangels Masse,

---

75 Die fristlose Kündigung von Dauerschuldverhältnissen ist heute in § 314 BGB niedergelegt. Sie kommt in Betracht, wenn einer Vertragspartei die Fortsetzung des Vertragsverhältnisses bis zum Ablauf der vereinbarten Vertragsdauer bzw. bis zum nächsten ordentlichen Kündigungstermin nicht zuzumuten ist (vgl. BGH, ZIP 1982, 578, 582). Zu beachten ist, dass die außerordentliche Kündigung nur innerhalb angemessener Fristen nach Kenntnisnahme der Kündigungstatsachen ausgesprochen werden kann; zwei Monate dürfen noch angemessen sein, acht Monate sind dies nicht mehr (vgl. BGH, ZIP 1984, 1494, 1496).
Wird die fristlose Kündigung durch ein Verhalten veranlasst, das der andere Teil zu vertreten hat, so kommen außerdem Schadenersatzansprüche in Betracht. Anspruchsgrundlage kann neben vertraglichen Ansprüchen § 826 BGB, insbesondere § 89 a Abs. 2 HGB analog sein. Die zuletzt genannte Vorschrift hat der BGH auf das Vertragshändlerverhältnis in mehreren Entscheidungen entsprechend angewandt (vgl. BGH, NJW 1967, 825, 826; WM 1982, 429, 430) und darauf hingewiesen, dass auch die einverständliche Vertragsaufhebung Schadenersatzansprüchen wegen vertragswidrigen Verhaltens nicht entgegensteht. Eine berechtigte fristlose Kündigung eines Händlers wurde vom OLG Frankfurt, BB 1984, S. 2018 ff. angenommen, nachdem der Hersteller selbst den Vertrag unberechtigt gekündigt und einen anderen Händler im Vertragsgebiet eingesetzt hatte.

- Verletzung des Wettbewerbsverbots durch den Franchise-Nehmer oder seine Erfüllungsgehilfen,
- Zahlungsverzug des Franchise-Nehmers um mindestens 14 Tage in drei hintereinanderliegenden Fällen trotz schriftlicher Mahnung in Höhe von mindestens zwei durchschnittlichen Monatsvergütungen,
- Verletzung von Verschwiegenheitspflichten,
- länger dauernder und den Franchise-Nehmer unzumutbar belastende Lieferunfähigkeit des Franchise-Gebers.

b) Zur Kündigung ist jeweils der durch das Handeln des anderen Vertragspartners betroffene Vertragspartner berechtigt.

c) Soweit nicht gemäß §§ 314 Abs. 2 Satz 2 in Verbindung mit 323 Abs. 2 BGB eine Abmahnung entbehrlich ist, soll der Kündigung aus wichtigem Grund eine Abmahnung mit angemessener Fristsetzung vorausgehen.

22.4 Das Recht zur fristlosen Kündigung kann nur binnen zwei Monaten ausgeübt werden, nachdem der Berechtigte von den Kündigungstatsachen Kenntnis erlangt hat.[76]

22.5 Ziff. 21.3 gilt entsprechend.

23. Folgen der Beendigung des Vertrages u. a.[77]

23.1 Nach Beendigung des Vertrages ist der Franchise-Nehmer nicht berechtigt, die vom Franchise-Geber hergestellten oder gehandelten Produkte weiter zu vertreiben.[78]

---

76 Allgemein ist anerkannt, dass das Recht zur fristlosen Kündigung von Dauerschuldverhältnissen nur innerhalb angemessener Frist ausgeübt werden kann, nachdem der Berechtigte von den Kündigungstatsachen Kenntnis erlangt hat (BGH, NJW 1975, 1895 und zum Vertragshändlervertrag BGH, WM 1982, 429, 431). Aus Gründen der Klarheit und Rechtssicherheit empfiehlt sich insoweit eine ausdrückliche vertragliche Regelung. Vgl. insbes. auch BGH, NJW 1985, 1894 f. „McDonald's".

77 Die möglichst exakte Regelung der Folgen der Vertragsbeendigung stellt einen wesentlichen Punkt des Franchise-Vertrages dar. Will man die Diskussion um den Ausgleichsanspruch – vgl. Anm. 56 – vermeiden, so kann der Franchise-Nehmer berechtigt werden, den Franchise-Betrieb zu verkaufen. Eine solche Regelung kann mit Zustimmungsbefugnissen zugunsten des Franchise-Gebers oder auch mit einem Vorkaufsrecht flankiert werden. Möglich ist es auch, die Übertragungsverpflichtung zugunsten des Franchise-Gebers oder eines von diesem benannten Dritten bezogen auf den gesamten Franchise-Betrieb – vgl. die Regelungen von Abs. 4 – von Anfang an vorzusehen.

78 Der Franchise-Nehmer muss jedoch die Möglichkeit haben, den im Zeitpunkt der Vertragsbeendigung vorhandenen Warenbestand abzuverkaufen, wenn der Franchise-Geber nicht bereit ist, diesen zu angemessenen Konditionen zu übernehmen. Siehe auch die Regelungen unter Ziff. 22.3.

23.2 Wird der Vertrag – gleichgültig aus welchem Grund – beendet, so darf der Franchise-Nehmer die Marken und sonstigen in Ziff. 3 genannten Merkmale der des Franchise-Systems nicht mehr nutzen. Er hat sämtliche ihm vom Franchise-Geber überlassenen Unterlagen, Prospekte, Broschüren, Preislisten, etc. sowie davon gefertigte Fotokopien u. ä. an den Franchise-Geber unverzüglich herauszugeben und darf selbst hergestellte und auf den Franchise-Gegenstand bezogene Broschüren usw. nicht mehr verwenden. Das gleiche gilt für alle vom Franchise-Geber bezogenen Ausstattungsgegenstände und für sonstige im Eigentum des Franchise-Gebers stehende Gegenstände. Der Franchise-Nehmer hat ferner alle Marken, Zeichen, Beschriftungen und sonstigen Kennzeichen aus dem Geschäftslokal zu entfernen, die auf den Franchise-Geber und/oder das Franchise-System hinweisen.

23.3 Evtl. bei Vertragsbeendigung im Warenlager oder als Ausstellungsstücke bei dem Franchise-Nehmer vorhandene und vom Franchise-Geber gelieferte Produkte werden vom Franchise-Geber gegen Erstattung von 85 % des vom Franchise-Nehmer gezahlten Netto-Einstandspreises zurückgenommen. Dies gilt nicht, wenn sich die Produkte im Zeitpunkt der Vertragsbeendigung nicht mehr in einem verkaufsfähigen Zustand befinden, nicht mehr im Verkaufssortiment des Franchise-Systems enthalten sind oder das Warenlager infolge falsch disponierter Lagerbestände bzw. deshalb besteht, weil es der Franchise-Nehmer versäumt hat, vor Vertragsende seine Lagerbestände in zumutbarer Weise zu veräußern.[79] Hat der Franchise-Geber dem Franchise-Nehmer das Recht des Abverkaufs der Waren in den letzten drei Monaten der Vertragslaufzeit gewährt, so entfällt die Verpflichtung nach S. 1.

23.4 Dem Franchise-Nehmer steht ein Pfand- und Zurückbehaltungsrecht an Vermögensgegenständen des Franchise-Gebers und an den ihm zur Verfügung gestellten Unterlagen, Prospekten, Broschüren, Preislisten und dergleichen nicht zu.[80]

23.5 Der Franchise-Geber hat das Recht, die im Beendigungsstichtag bei dem Franchise-Nehmer vorhandenen Aufträge und Angebote, die auf das Franchise-System bezogen sind, selbst oder durch einen Dritten zu bear-

---

79 Ist zwischen den Vertragsparteien eine Depotabrede vereinbart (vgl. Ziff. 11 des Mustervertrages), so ist der Franchise-Geber bei Vertragsbeendigung unter Umständen zu einer angemessenen Verwertungshilfe im Hinblick auf die dann vorhandenen Lagerbestände verpflichtet (vgl. zum Vertragshändler insbesondere BGH, BB 1970, 1458 ff., und BGH, WM 1972, 725, 726). Zum möglichen Anspruch des Franchise-Nehmers auf Rückkauf des Ersatzteillagers nach ordentlicher Kündigung vgl. BGH, ZIP 1995, 222 f. („Suzuki“ Vertragshändlervertrag) sowie BGH, WRP 2010, 393 ff.

80 Anders die gesetzliche Regelung für den Handelsvertreter nach § 88 a HGB.

beiten und in die Verpflichtungen des Franchise-Nehmers einzutreten. Der Franchise-Nehmer erhält für diese Aufträge eine pauschale Provision in Höhe von ..... Prozent der aus dem jeweiligen Auftrag tatsächlich bei dem Franchise-Geber bzw. dem Dritten eingehenden Kundenzahlung.

23.6 Im Übrigen regelt das Geschäftsordnungssystem die Einzelheiten.

24. Vertragsstrafe[81]

Der Franchise-Nehmer wird an den Franchise-Geber unbeschadet weitergehender Ansprüche für jeden Fall der Zuwiderhandlung gegen eine der in den Ziff. ..... dieses Vertrages niedergelegten Verpflichtungen eine angemessene vom Franchise-Geber festzusetzende Vertragsstrafe in Höhe von bis zu EUR..... (in Worten Euro .....) zahlen. Die Annahme eines Fortsetzungszusammenhanges ist ausgeschlossen. Die Vertragsstrafe ist je angefangenen Monat erneut verwirkt. Weitere (insbesondere Erfüllungs-, Unterlassungs- und/oder Schadenersatz-Ansprüche bleiben unberührt. Auf Schadenersatzansprüche sind jedoch geleistete Vertragsstrafen anzurechnen.

25. Beirat[82]

Bei dem Franchise-Geber wird ein beratender Beirat gebildet. Dem Beirat gehören fünf von den Franchise-Partnern (vgl. Ziff. 6.9) gewählte Franchise-Nehmer an. Die Wahl kann auf schriftlichem Weg erfolgen. Der Beirat berät den Franchise-Geber in allen Fragen der Geschäftspolitik. Er arbeitet aufgrund einer eigenen Geschäftsordnung.

Wird der Beirat nicht gebildet, nimmt er seine Arbeit nicht auf oder stellt er diese ein, so werden dadurch die Verpflichtungen der Vertragspartner nach dem vorliegenden Vertrag nicht berührt. Gleiches gilt im Hinblick auf die Auswirkungen sämtlicher sonstiger Handlungen oder Unterlassungen des Beirats.

---

81 Welche vertraglichen Pflichten im Einzelfall durch eine Vertragsstrafe sanktioniert werden sollen, bedarf jeweils genauer Prüfung. Im Übrigen ist die gesetzliche Regelung der §§ 339–345 BGB zu beachten. Unter Kaufleuten gilt, dass eine unangemessen hohe Vertragsstrafe grundsätzlich nicht herabgesetzt werden kann (§ 348 HGB). Die Vertragsstrafe ist stets auf Angemessenheit in Bezug auf die AGB-rechtlichen Vorschriften der §§ 305 ff. BGB und die Sittenwidrigkeitsgrenzen zu prüfen (vgl. BGHZ 85, 305, 314). Vgl. BGH, NJW RR 1990, 1076 f. und NJW 1994, 55 ff., OLG Düsseldorf, OLG Report 1999, 468.

82 Einrichtung, Aufgaben und Kompetenzen sind jeweils im Einzelfall genau zu überdenken. Die Einrichtung eines Beirats hat sich auch aus Gründen der Integration des einzelnen Franchise-Nehmers bewährt. Der Deutsche Franchise-Verband hat 1995 die Einrichtung von Beiräten ausdrücklich empfohlen. Er empfiehlt die am Ende auszugsweise abgedruckte Beiratssatzung (VII 2.).

26. Höhere Gewalt, Verzug, Haftungsbeschränkung, Aufrechnung

26.1 Wird eine von den Vertragsparteien geschuldete Leistung durch unvorhersehbare und unverschuldete Umstände verzögert (z. B. Arbeitskämpfe, Betriebsstörungen, Transporthindernisse, behördliche Maßnahmen – jeweils auch bei den Vertragspartnern des Franchise-Gebers), so ist die Vertragspartei berechtigt, die Leistungen um die Dauer der Behinderung hinauszuschieben. Darüber hinausgehende Ansprüche der anderen Vertragspartei sind ausgeschlossen.

26.2 Sollte dem Franchise-Nehmer aufgrund einer vom Franchise-Geber verschuldeten Verzögerung ein Schaden erwachsen, so ist der Franchise-Nehmer berechtigt, Entschädigung zu fordern. Das Recht zur Geltendmachung setzt voraus, dass der Franchise-Geber eine von dem Franchise-Nehmer schriftlich gesetzte angemessene Nachfrist nicht eingehalten hat. Davon unberührt bleiben abweichende gesetzliche Regelungen. Die Höhe der Entschädigung beträgt nach fruchtlosem Ablauf der Nachfrist für jede volle Woche der Verzögerung maximal 5%, in der ersten Woche jedoch maximal 2,5%, insgesamt jedoch höchstens 30% vom Wert desjenigen Teils der Leistung, der in Folge der Verspätung nicht rechtzeitig erbracht wurde. Darüber hinausgehende Ansprüche sind ausgeschlossen, es sei denn die Verzögerung beruht auf grober Fahrlässigkeit oder Vorsatz.

26.3 Ein für den Fall schuldhafter Pflichtverletzung oder aus sonstigen Rechtsgründen dem Franchise-Nehmer entstehender Anspruch auf Schadenersatz wird zu Gunsten des Franchise-Gebers dahingehend begrenzt, dass Letzterer haftet,

a) in voller Schadenshöhe nur bei groben Verschulden seiner Organe oder leitenden Angestellten,

b) dem Grunde nach bei jeder schuldhaften Verletzung wesentlicher Vertragspflichten, wobei unter wesentlichen Vertragspflichten solche zu verstehen sind, deren Verletzung die Erreichung des Vertragszwecks gefährdet,

c) außerhalb solcher Pflichten dem Grunde nach nur für grobes Verschulden einfacher Erfüllungsgehilfen.

Der Höhe nach haftet der Franchise-Geber im Fall b) und c) nur für Ersatz des voraussehbaren vertragstypischen Schadens. Die unter lit. a) bis c) enthaltenen Haftungsausschlüsse und -beschränkungen gelten nicht im Fall der Übernahme einer Garantie für die Beschaffenheit einer Sache im Sinne des § 444 BGB, im Fall des arglistigen Verschweigens eines Mangels, im Falle von Schäden aus der Verletzung des Lebens, des Körpers oder der Gesundheit eines Menschen, sofern der Franchise-Geber die dazu führende Pflichtverletzung zu vertreten hat sowie im Fall einer zwingenden

Haftung nach dem Produkthaftungsgesetz oder im Fall der Übernahme des Beschaffungsrisikos im Sinne von § 276 BGB.

26.4 Der Franchise-Nehmer kann wegen eigener Ansprüche gegen Forderungen des Franchise-Gebers nicht aufrechnen oder Zurückbehaltungsrechte geltend machen, es sei denn seine Ansprüche sind unbestritten oder gerichtlich festgestellt.

27. Widerrufsbelehrung

Im Hinblick auf die Bezugsverpflichtungen des Franchise-Nehmers sind in den Anlagen ..... die Widerrufsbelehrung und die Quittung über den Erhalt der Widerrufsbelehrung beigefügt.[83]

---

83 Ab dem 11.6.2010 hat die Widerrufsbelehrung auf der Grundlage des amtlichen Musters entsprechend Anlage 1 zu EGBGB 246 zu erfolgen. Das Muster für die Widerrufsbelehrung lautet:

Widerrufsbelehrung

Widerrufsrecht

Sie können Ihre Vertragserklärung innerhalb von [14 Tagen] ohne Angabe von Gründen in Textform, (z. B. Brief, Fax, E-Mail [oder – wenn Ihnen die Sache vor Fristablauf überlassen wird – durch Rücksendung der Sache] widerrufen. Die Frist beginnt nach Erhalt dieser Belehrung in Textform. Zur Wahrung der Widerrufsfrist genügt die rechtzeitige Absendung des Widerrufs [oder der Sache]. Der Widerruf ist zu richten an:

....

Widerrufsfolgen

Im Falle eines wirksamen Widerrufs sind die beiderseits empfangenen Leistungen zurückzugewähren und ggf. gezogene Nutzungen (z. B. Zinsen) herauszugeben. Können Sie uns die empfangene Leistung ganz oder teilweise nicht oder nur in verschlechtertem Zustand zurückgewähren, müssen Sie uns insoweit ggf. Wertersatz leisten. Bei der Überlassung von Sachen gilt dies nicht, wenn die Verschlechterung der Sache ausschließlich auf deren Prüfung – wie sie Ihnen etwa im Ladengeschäft möglich gewesen wäre – zurückzuführen ist. Im Übrigen können Sie die Pflicht zum Wertersatz für eine durch die bestimmungsgemäße Ingebrauchnahme der Sache entstandene Verschlechterung vermeiden, indem Sie die Sache nicht wie Ihr Eigentum in Gebrauch nehmen und alles unterlassen, was deren Wert beeinträchtigt. Paketversandfähige Sachen sind auf unsere [Kosten und] Gefahr zurückzusenden. Nicht paketversandfähige Sachen werden bei Ihnen abgeholt. Verpflichtungen zur Erstattung von Zahlungen müssen innerhalb von 30 Tagen erfüllt werden. Die Frist beginnt für Sie mit der Absendung Ihrer Widerrufserklärung [oder der Sache], für uns mit deren Empfang.

Besondere Hinweise

Finanzierte Geschäfte

(Ort), (Datum), (Unterschrift des Verbrauchers)

28. Gerichtsstand, anwendbares Recht, Vertragssprache

28.1 Ausschließlicher Gerichtsstand[84] ist .....

28.2 Es gilt ausschließlich das Recht der Bundesrepublik Deutschland.[85] Die Anwendung des Einheitlichen Gesetzes über den internationalen Kauf beweglicher Sachen sowie des Gesetzes über den Abschluss von internationalen Kaufverträgen über bewegliche Sachen ist ausgeschlossen.

28.3 Die Vertragssprache ist deutsch.

29. Bestandteile des Vertrages

Die als verbindlich gekennzeichneten Regelungen des Franchise-Geschäftsordnungssystems (Ziff. 7) sowie die anderen in diesem Vertrag beigefügten Anlagen sind Bestandteile des Vertrages.

30. Alte Vereinbarungen, Nebenabreden, Änderungen, abweichendes Verhalten, Überschriften

30.1 Mit der Unterzeichnung des vorliegenden Vertrages verlieren alle früheren schriftlich oder mündlich getroffenen Vereinbarungen zwischen den Vertragsparteien ihre Rechtswirksamkeit, soweit sie sich auf den Vertragsgegenstand beziehen.

30.2 Nebenabreden bestehen nicht.

30.3 Änderungen und/oder Ergänzungen dieses Vertrages sowie die Aufhebung des Vertrages oder von Teilen des Vertrages bedürfen zu ihrer Wirksamkeit der Schriftform. Auf dieses Formerfordernis kann nur durch eine ausdrückliche schriftliche Vereinbarung verzichtet werden.[86]

30.4 Durch vom Vertrag abweichendes Verhalten werden weder vereinbarte Rechte und Pflichten verändert oder aufgehoben noch neue Rechte und Pflichten begründet.

30.5 Die Überschriften zu den einzelnen Vorschriften dieses Vertrages dienen lediglich der besseren Orientierung. Sie haben keinen eigenständigen Regelungsgehalt und keine rechtliche Bedeutung.

---

84 Die Gerichtsstandsklausel ist nur zwischen Kaufleuten zulässig (§ 38 I ZPO). Es ist jeweils zu untersuchen, ob nicht eine Schiedsgerichtsabrede zweckmäßig erscheint. Vergleiche dazu *Schwytz,* Schiedsklausel und Schiedsvertrag, 3. Auflage, Heidelberger Musterverträge, Heft 45 sowie *Liesegang/Kraus*, Schiedsklauseln in Franchise-Verträgen, in: Franchise-Report, April 1988, S. 5 ff.

85 Zu einer Rechtswahlklausel vgl. OLG München, JPrax 1983, 120 f.; dazu *Jayme*, Rechtswahlklausel und zwingendes ausländisches Recht beim Franchise-Vertrag, JPrax 1983, 105 ff.

86 Diese Regelung stellt sicher, dass die gewillkürte Schriftform nicht durch formlose Vereinbarung aufgehoben werden kann.

31. Salvatorische Klausel

Sollten Bestimmungen dieses Vertrages oder eine künftig in ihn aufgenommene Bestimmung ganz oder teilweise nicht rechtswirksam oder nicht durchführbar sein oder ihre Rechtswirksamkeit oder Durchführbarkeit später verlieren, so soll hierdurch die Gültigkeit der übrigen Bestimmungen des Vertrages nicht berührt werden. Das gleiche gilt, soweit sich herausstellen sollte, dass der Vertrag eine Regelungslücke enthält. An Stelle der unwirksamen oder undurchführbaren Bestimmungen oder zur Ausfüllung der Lücke soll eine Regelung gelten, die der unwirksamen oder undurchführbaren Bestimmung bei wirtschaftlicher Betrachtungsweise im Rahmen des rechtlich Zulässigen am besten entspricht oder im Fall der Lücke, die berücksichtigt, was die Vertragsparteien nach dem Sinn und Zweck des Vertrages gewollt haben würden, sofern sie bei Abschluss dieses Vertrages oder bei der späteren Aufnahme einer Bestimmung den Punkt bedacht hätten. Dies gilt auch, wenn die Unwirksamkeit einer Bestimmung etwa auf einem in dem Vertrage vorgeschriebenen Maße der Leistung oder Zeit (Frist oder Termin) beruht; es soll dann ein dem gewollten möglichst nahekommendes rechtlich zulässiges Maß der Leistung oder Zeit (Frist oder Termin) als vereinbart gelten.

32. Inempfangnahme des Vertrages einschließlich Anlagen[87]

Der Franchise-Nehmer bestätigt, ein Exemplar dieses Vertrages und die in ihm erwähnten Unterlagen und Anlagen erhalten zu haben. Er hatte die Möglichkeit, das Geschäftsordnungssystem einzusehen. Dieses erhält er unverzüglich nach Zahlung der in Ziff. 7.1 aufgeführten Vergütung.

---

87 Zu der ggf. erforderlichen Widerrufsbelehrung vgl. oben V 2 f.

VII. Anhang

1. ETHIKKODEX (DFV)

für Mitglieder, assoziierte Mitglieder und assoziierte Experten des Deutschen Franchise-Verbandes e.V.

gültig seit dem Beschluss der Mitgliederversammlung vom 16. Mai 2008

Der nachfolgende Europäische Verhaltenskodex stellt eine Neufassung des 1972 von der European Franchise Federation (EFF) herausgegebenen Ethikkodex dar und wurde wiederum in Abstimmung mit der EG-Kommission in Brüssel erarbeitet.

Dieser Verhaltenskodex ist eine sachdienliche Zusammenstellung von wesentlichen Vorschriften fairer Verhaltensweisen für die Franchise-Praxis in Europa.

Der Deutsche Franchise Verband ist Mitglied des EFF und war an der Erstellung der europäischen Verhaltenskodex für Franchising beteiligt. Er beschließt den Ethikkodex für seine Mitglieder und assoziierten Berater und stellt seine Einhaltung sicher.

1. Der Begriff des Franchisings

Franchising ist ein Vertriebssystem, durch das Waren und/oder Dienstleistungen und/oder Technologien vermarktet werden. Es gründet sich auf eine enge und fortlaufende Zusammenarbeit rechtlich und finanziell selbständiger und unabhängiger Unternehmen, den Franchise-Geber und seine Franchise-Nehmer. Der Franchise-Geber gewährt seinen Franchise-Nehmern das Recht und legt ihnen gleichzeitig die Verpflichtung auf, ein Geschäft entsprechend seinem Konzept zu betreiben. Dieses Recht berechtigt und verpflichtet den Franchise-Nehmer, gegen ein direktes oder indirektes Entgelt im Rahmen und für die Dauer eines schriftlichen, zu diesem Zweck zwischen den Parteien abgeschlossenen Franchise-Vertrags bei laufender technischer und betriebswirtschaftlicher Unterstützung durch den Franchise-Geber, den Systemnamen und/oder das Warenzeichen und/oder die Dienstleistungsmarke und/oder andere gewerbliche Schutz- oder Urheberrechte sowie das Know-how, die wirtschaftlichen und technischen Methoden und das Geschäftssystem des Franchise-Gebers zu nutzen.

Know-how bedeutet ein Paket von nichtpatentierten praktischen Kenntnissen, die auf Erfahrungen des Franchise-Gebers und Erprobungen durch diesen beruhen und die geheim, wesentlich und identifiziert sind.

Geheim bedeutet, dass das Know-how in seiner Substanz, seiner Struktur oder der genauen Zusammensetzung seiner Teile nicht allgemein bekannt oder nicht leicht zugänglich ist; der Begriff ist nicht in dem engen Sinne zu verstehen, dass jeder einzelne Teil des Know-hows außerhalb des Geschäfts des Franchise-Gebers völlig unbekannt oder unerhältlich sein müsste.

Wesentlich bedeutet, dass das Know-how Kenntnisse umfasst, die für den Franchise-Nehmer zum Zwecke der Verwendung des Verkaufs- oder des Weiterverkaufs der Vertragswaren oder -dienstleistungen unerlässlich sind. Das Know-how muss für den Franchise-Nehmer unerlässlich sein; dies trifft zu, wenn es bei Abschluss der Vereinbarung geeignet ist, die Wettbewerbsstellung des Franchise-Nehmers insbesondere dadurch zu verbessern, dass es dessen Leistungsfähigkeit steigert und ihm das Eindringen in einen neuen Markt erleichtert.

Identifiziert bedeutet, dass das Know-how ausführlich genug beschrieben sein muss um prüfen zu können, ob es die Merkmale des Geheimnisses und der Wesentlichkeit erfüllt; die Beschreibung des Know-hows kann entweder in der Franchise-Vereinbarung oder in einem besonderen Schriftstück niedergelegt oder in jeder anderen geeigneten Form vorgenommen werden.

2. Leitsätze

2.1 Der Franchise-Geber ist der Initiator eines Franchise-Netzes, das aus dem Franchise-Geber und den einzelnen Franchise-Nehmern besteht und deren Betreuer der Franchise-Geber auf längere Sicht ist.

2.2 Pflichten des Franchise-Gebers:

Der Franchise-Geber muss:

- vor der Gründung seines Franchise-Netzes ein Geschäftskonzept schon in einem angemessenen Zeitraum und mit wenigstens einem Pilotobjekt erfolgreich betrieben haben;
- der Eigentümer oder rechtmäßige Nutzungsberechtigte des Firmennamens, Warenzeichens oder einer anderen besonderen Kennzeichnung seines Netzes sein;
- eine Anfangsschulung des einzelnen Franchise-Nehmers durchführen und ihm während der gesamten Laufzeit des Vertrages laufende kommerzielle und/oder technische Unterstützung gewähren;

2.3 Pflichten des einzelnen Franchise-Nehmers:

Der einzelne Franchise-Nehmer wird:

- sich nachhaltig um das Wachstum seines Franchise-Betriebs und die Wahrung der gemeinschaftlichen Identität und des guten Rufs des Franchise-Netzes bemühen;
- dem Franchise-Geber nachprüfbare wirtschaftliche Daten zukommen lassen, um ihm die für ein effektives Management notwendige Beurteilung der Leistung und der wirtschaftlichen Ergebnisse zu erleichtern, und er wird dem Franchise-Geber und/oder dessen Beauftragten auf

Wunsch des Franchise-Gebers und zu angemessenen Zeiten Zugang zu den Räumlichkeiten und Unterlagen des einzelnen Franchise-Nehmers gewähren;

- dem Franchise-Nehmer ist es nicht gestattet, weder während noch nach Beendigung des Vertragsverhältnisses an Dritte das Know-how weiterzugeben, das ihm vom Franchise-Geber übermittelt wurde.

2.4 Weitere Pflichten beider Parteien:

- beide Parteien lassen in ihrem Umgang miteinander Fairness walten. Im Falle einer Vertragsverletzung wird der Franchise-Geber seine Franchise-Nehmer schriftlich abmahnen und gegebenenfalls eine angemessene Frist festsetzen, in welcher der Verstoß zu beheben ist;

- beide Parteien sind gehalten, Klagen, Beschwerden und Meinungsverschiedenheiten guten Glaubens und mit gutem Willen durch faire und sachliche Gespräche und direkte Verhandlungen zu klären. Ein das Franchising insgesamt schädigendes Verhalten ist stets zu unterlassen.

Als ein solches das Franchising schädigendes Verhalten werden insbesondere angesehen.

- unberechtigte Infragestellung der wirtschaftlichen Grundlagen sowohl der Franchise-Geber als auch der Franchise-Nehmer.

- unsachliche Verlautbarungen insbesondere gegenüber Presse und sonstigen Medien aus Anlass von Einzelfällen, die geeignet sind das Franchising oder das Franchisesystem oder spezielle Franchisesysteme zu schädigen.

- die Nutzung von Druckmitteln, die geeignet sind einzelne Franchise-Systeme oder das Franchising insgesamt zu schädigen, zum Zweck der Durchsetzung von Individualinteressen.

- direkte oder indirekte Bündelung von Franchise-Nehmer-Klagen und insbesondere deren Finanzierung sowie Initiierung von Interessenvereinigungen, die sich gegen die Franchisewirtschaft oder gegen einzelne Franchisesysteme richten.

2.5 Sollten Meinungsverschiedenheiten nicht unmittelbar zwischen den Parteien gelöst werden können, so bietet der DFV hierfür insbesondere die Mediation an.

2.6 Bei den in Ziffer 2.2 bis 2.4 dargestellten Pflichten handelt es sich um wesentliche Pflichten im Sinne des § 7 Buchstabe d) der Satzung des DFV.

3. Partnerwerbung, -gewinnung und Offenlegung

3.1 Werbung für die Gewinnung von Franchise-Nehmern soll ohne Zweideutigkeiten und ohne irreführende Angaben erfolgen.

3.2 Alle Anzeigen und jedes Werbematerial zum Zwecke der Franchise-Nehmer-Gewinnung, die direkt oder indirekt auf von den einzelnen Franchise-Nehmern zu erwartende, in Zukunft mögliche Ergebnisse, Zahlen oder Verdienste eingehen, haben sachlich richtig und unmissverständlich zu sein.

3.3 Um es den angehenden Franchise-Nehmern zu ermöglichen, jede bindende Abmachung in voller Kenntnis der Sachlage zu treffen, wird ihnen innerhalb einer angemessenen Frist vor der Unterzeichnung dieser bindenden Abmachung ein Exemplar des gültigen Verhaltenskodexes ebenso wie die vollständige und genaue schriftliche Offenlegung aller für das Franchise-Verhältnis wichtigen Informationen und Unterlagen übergeben werden.

3.4 Falls ein Franchise-Geber einen zukünftigen Franchise-Nehmer durch einen Vorvertrag bindet, sollen die folgenden Grundsätze beachtet werden:

- bevor ein Vorvertrag geschlossen wird, erhält der zukünftige Franchise-Nehmer eine schriftliche Mitteilung über den Zweck des Vorvertrages und die Höhe des Entgeltes, das er möglicherweise an den Franchise-Geber zu entrichten hat, um dessen tatsächliche Aufwendungen abzudecken, die während und durch die vorvertragliche Phase entstanden sind; wenn der Franchise-Vertrag zustande kommt, ist die besagte Vergütung vom Franchise-Geber zurückzuerstatten oder gegebenenfalls mit der vom Franchise-Nehmer zu zahlenden Eintrittsgebühr zu verrechnen;

- der Vorvertrag soll eine Laufzeit und eine Kündigungsklausel enthalten;

- der Franchise-Geber kann Wettbewerbsverbote und/oder Geheimhaltungsklauseln festlegen, um sein Know-how und seine Identität zu schützen.

4. Auswahl der einzelnen Franchise-Nehmer

Ein Franchise-Geber sollte nur solche Franchise-Nehmer auswählen und akzeptieren, die aufgrund einer sorgfältigen Überprüfung in ausreichendem Umfang über die notwendigen Grundkenntnisse, die Ausbildung, die persönliche Eignung und die finanziellen Mittel verfügen, um einen Franchise-Betrieb zu führen.

5. Der Franchise-Vertrag

5.1 Der Franchise-Vertrag hat den nationalen Gesetzen, dem Recht der Europäischen Gemeinschaften sowie diesem Verhaltenskodex und seinen jeweiligen Ergänzungen zu entsprechen.

5.2 Der Vertrag hat die Interessen der Mitglieder des Franchise-Netzes widerzuspiegeln, indem er die gewerblichen und geistigen Eigentumsrechte des Franchise-Gebers schützt und die einheitliche Identität und das Ansehen des Franchise-Netzes wahrt.

Alle Verträge und alle vertraglichen Vereinbarungen im Zusammenhang mit dem Franchise-Verhältnis sind in der Amtssprache des Landes, in dem der Franchise-Nehmer seinen Sitz hat, abzufassen oder von einem beeideten Übersetzer in diese Sprache zu übertragen und nach Unterzeichnung dem einzelnen Franchise-Nehmer unmittelbar auszuhändigen.

5.3 Der Franchise-Vertrag hat die jeweiligen Verpflichtungen und Verantwortlichkeit der Parteien und alle anderen wesentlichen Bedingungen des Vertragsverhältnisses eindeutig festzulegen.

5.4 Die folgenden Vertragsbedingungen stellen ein unentbehrliches Minimum dar:

- die dem Franchise-Geber eingeräumten Rechte;
- die dem einzelnen Franchise-Nehmer eingeräumten Rechte;
- die dem einzelnen Franchise-Nehmer zur Verfügung zu stellenden Waren und/oder Dienstleistungen;
- die Pflichten des Franchise-Gebers;
- die Pflichten des einzelnen Franchise-Nehmers;
- die Zahlungsverpflichtungen des einzelnen Franchise-Nehmers;
- die Vertragsdauer, die so befristet sein soll, dass der Franchise-Nehmer seine franchise-spezifischen Anfangsinvestitionen amortisieren kann;
- die Grundlage für eine allfällige Verlängerung des Vertrages;
- die Bedingungen, nach denen der einzelne Franchise-Nehmer das Franchise-Geschäft verkaufen oder übertragen kann, sowie mögliche Vorkaufsrechte des Franchise-Gebers in dieser Hinsicht;
- diejenigen Bestimmungen, die sich auf den Gebrauch der typischen Kennzeichnungen, des Firmennamens, des Warenzeichens, der

Dienstleistungsmarke, des Ladenschilds, des Logos oder andere besondere Identifikationsmerkmale des Franchise-Gebers beziehen;

- das Recht des Franchise-Gebers, das Franchisesystem an neue oder geänderte Verhältnisse anzupassen;
- Regelungen über die Beendigung des Vertrages;
- Bestimmungen über die sofortige Rückgabe des materiellen und immateriellen Eigentums des Franchise-Gebers oder eines anderen Inhabers nach Vertragsende.

6. Der Verhaltenskodex und das Master-Franchise-System

Dieser Verhaltenskodex gilt für das Verhältnis zwischen dem Franchise-Geber und dessen einzelnen Franchise-Nehmern und gleichermaßen zwischen dem Haupt-Franchise-Nehmer und dessen einzelnen Franchise-Nehmern.

Es gilt nicht für das Verhältnis zwischen dem Franchise-Geber und seinen Haupt-Franchise-Nehmern.

7. Der Verhaltenskodex und die im DFV assoziierten Experten

Die assoziierten Experten sind Teil der Franchisepraxis. Sie verfolgen und unterstützen die Interessen und Ziele der Franchisewirtschaft. Mit dieser Zielsetzung sind Verhaltensweisen unvereinbar, die sich zum Zwecke der Verfolgung von Individualinteressen gegen das Franchising oder wesentliche Teile desselben richten. Ein lauterer und fairer Umgang zu der Franchisewirtschaft ist daher unabdingbare Voraussetzung für eine gedeihliche Zusammenarbeit. Da der DFV satzungsgemäß die Interessen der Franchisewirtschaft in Deutschland vertritt, ist auch ein gegen den DFV oder seine Mitglieder gerichtetes Verhalten als Verstoß gegen diesen Ethikkodex anzusehen. Im Übrigen gelten in soweit die Regelungen in Ziffer 2.5 bis 2.6.

2. Beiräte in Franchise-Systemen
Richtlinie (DFV)

Zielsetzung

Die Bereitschaft des Franchise-Gebers zur Wahrung der Interessen und Belange der Franchise-Partner durch ihre Einbindung bei Fragen von grundsätzlicher Bedeutung und bei wichtigen Sachentscheidungen stellt ein wesentliches Element einer gelebten Partnerschaft dar. Es gilt "Betroffene zu Beteiligten zu machen". Diese Aufgabenstellung kann am besten durch die Etablierung eines Franchise-Nehmer-Beirates verwirklicht werden.

Den Mitgliedern sowie Anwärtern des Deutschen Franchise-Verbandes e.V. wird empfohlen, dabei die vorliegenden Richtlinien anzuwenden.

Leitsätze

1. Der Partnerbeirat berät die Systemzentrale bei allen wichtigen systemrelevanten Entscheidungen, in Fachfragen und hinsichtlich der Marketingpolitik. Er beteiligt sich aktiv an der Weiterentwicklung des Systems und der Umsetzung der vereinbarten Maßnahmen. Schließlich steht er allen Franchise-Nehmern als Ansprechpartner zur Verfügung.

2. Der Beirat stellt ein Organ des jeweiligen Franchise-Systems dar. Er ist ein Beratergremium, kein Betriebsrat, kein Sprachrohr aller Franchise-Nehmer, weder Aufsichtsrat noch Schlichtungsstelle.

3. Vertreter der Systemzentrale müssen stets die Möglichkeit haben, bei den Sitzungen des Beirats anwesend zu sein. Sie sind in die Beschlüsse des Beirates involviert.

4. Die Einrichtung von Beiräten der Franchise-Nehmer innerhalb von Franchise-Systemen ist nach Auffassung des Bundeskartellamts wettbewerbsrechtlich grundsätzlich zulässig, solange die Beiräte nicht tatsächlich die Geschäftspolitik der Franchise-Nehmer bzw. des Systems bestimmen. Sogenannte Mittelstandsempfehlungen für die Franchise-Nehmer können Beiräte nur im Rahmen der sehr engen gesetzlichen Bestimmungen aussprechen.

5. Die Aufgaben und die Funktionsweise des Beirates werden schriftlich in einer von der Systemzentrale vorgeschlagenen Beiratssatzung niedergelegt. Die Systemzentrale muß der Beiratssatzung zustimmen.

6. Im Franchise-Vertrag ist zumindest die Aufgabenstellung des Beirates niedergeschrieben.

7. Der Beirat wird über die Ergebnisse anderer Gremien (z.B. Arbeitskreise, Fachausschüsse, Werbebeirat) informiert, sofern er daran nicht selbst beteiligt ist.

8. Alle Franchise-Nehmer sind mindestens einmal im Jahr über die Ergebnisse der Arbeit des Beirates zu informieren.

Gestaltungsrahmen einer Beiratssatzung

Aufgaben	- Siehe Leitsatz 1 - Weitere konkrete Aufgabenstellungen
Zusammensetzung	- Nur gewählte Franchise-Nehmer - Gewählte Franchise-Nehmer und Vertreter der Systemzentrale - Von der Systemzentrale ernannte Franchise-Nehmer
Amtsperiode	- Wiederwahl für weitere Amtsperioden möglich - Wiederwahl nur für eine weitere Amtsperiode zulässig - Wiederwahl nicht möglich - Wiederwahl nur für einen Teil der Beiratsmitglieder möglich - Ausschluß unter bestimmten Voraussetzungen möglich - Ausscheiden vor Ablauf nur aus wichtigem Grund oder bei Verlassen des Franchise-Systems
Vorsitz	- Beiratsvorsitzender - Stellvertretender Beiratsvorsitzender
Tagesordnung	- Nur Beiratsmitglieder haben Vorschlagsrecht - Auch Systemzentrale hat Vorschlagsrecht - Abstimmung mit Systemzentrale
Beschlußfassung	- Einstimmig - 2/3 Mehrheit - Absolute Mehrheit - Protokollführung
Sitzungen	- Ordentliche Sitzung regelmäßig, mehrmals im Jahr - Außerordentliche Sitzung falls erforderlich - Einladung durch Beiratsvorsitzenden - Einladung durch Systemzentrale
Satzungsänderung	- Beirat mit Zustimmung der Systemzentrale

3. Richtlinie des Deutschen Franchise-Verbandes e.V. „Vorvertragliche Aufklärungspflichten“

Zielsetzung

Während andere Staaten durch sog. disclosure-Regelungen den Umfang der Aufklärungspflichten des Franchise-Gebers gesetzlich festgeschrieben haben, beruht die Verpflichtung zur vorvertraglichen Aufklärung in Deutschland auf dem Gedanken von Treu und Glauben. Danach entsteht bereits durch die Aufnahme von Vertragsverhandlungen ein vorvertragliches Vertrauensverhältnis, das den Partner zur Sorgfalt und damit zur vorvertraglichen Aufklärungspflicht verpflichtet, bei deren Verletzung er unter dem Gesichtspunkt des Verschuldens bei Vertragsschluss (culpa in contrahendo) haftet. Die Pflicht zur vorvertraglichen Aufklärung beginnt mit dem Augenblick, wo der Franchise-Geber mit dem potentiellen Franchise-Nehmer das erste Mal in Kontakt tritt und ihm das Franchisesystem im einzelnen darstellt. Dies kann z.B. durch eine Zeitungsanzeige, durch Informationsmaterial oder durch einen Messeauftritt geschehen. Der Franchise-Geber trägt die Beweislast dafür, dass seine Angaben den Tatsachen entsprachen und er die erforderlichen Informationen gegeben hat.

Verstöße gegen die vorvertragliche Aufklärungspflicht führen zu einem Schadenersatzanspruch des Franchise-Nehmers. Schadenersatzansprüche sind nicht nur gegen den Franchise-Geber möglich, sondern auch gegen Dritte, sofern diese in besonderem Maße Vertrauen in Anspruch genommen haben und dadurch die Vertragsverhandlungen oder den Vertragsschluss erheblich beeinflusst haben. Insbesondere Geschäftsführer von Franchise-Gebern, die in der Rechtsform einer GmbH betrieben werden, können Schadenersatzansprüchen ausgesetzt sein. Neben Schadenersatzansprüchen kommt die Rückgängigmachung eines Vertrages in Betracht. Denkbar ist auch die Möglichkeit, den Vertrag wegen arglistiger Täuschung anzufechten.

Die European Franchise Federation (EFF) hat die Notwendigkeit des Franchise-Nehmer-Schutzes seit mehr als zehn Jahren betont. Der Europäische Verhaltenskodex für Franchise-Vereinbarungen sieht unter Ziffer 3.3 vor, dass jeder Franchise-Geber verpflichtet ist, dem Franchise-Nehmer die Informationen, die das Franchise-Verhältnis betreffen, komplett und schriftlich offen zu legen, und zwar innerhalb eines angemessenen Zeitraums vor der Unterzeichnung von bindenden Abmachungen.

Vor diesem Hintergrund und unter Zugrundelegung der deutschen Rechtsprechung hat der DFV die folgenden Richtlinien aufgestellt. Den Mitgliedern sowie Anwärtern des Deutschen Franchise-Verbandes e.V. wird empfohlen, die vorliegenden Richtlinien anzuwenden.

Leitsätze

1. Bereits in der Phase der Vertragsanbahnung und der auf den Abschluss gerichteten Verhandlungen und Gespräche entsteht ein vorvertragliches Vertrauensschuldverhältnis, in dessen Rahmen die Parteien im besonderen Maße zur Offenlegung der für die spätere Zusammenarbeit erheblichen Informationen gegenüber dem anderen Teil verpflichtet sind.

2. Franchise-Geber, die Existenzgründer als Franchise-Nehmer werben, unterliegen besonders hohen Anforderungen an die vorvertragliche Aufklärungspflicht.

3. Der Franchise-Geber ist zur Offenlegung und Erläuterung der Erfolgsaussichten der Konzeption sowie zur Angabe von wahrheitsgemäßen Zahlen und Informationen über den Arbeits- und Kapitaleinsatz des Franchise-Nehmers verpflichtet.

4. Der Franchise-Geber soll eine auf den bisherigen Erfahrungen von Franchise-Betrieben bzw. Pilotbetrieben beruhende Kalkulationsgrundlage liefern und den Franchise-Nehmer Interessenten in die Lage versetzen, die erforderlichen Aufwendungen abzuschätzen, den Zeitraum der Anfangsverluste zu übersehen und die Chancen der Gewinnrealisierung reell beurteilen zu können.

5. Der Franchise-Geber soll dem Franchise-Nehmer Interessenten vor Unterzeichnung von bindenden Abmachungen Einblick in das Handbuch gewähren.

6. Der Franchise-Nehmer Interessent soll die Möglichkeit haben, den Franchise-Vertrag sowie die weiteren Unterlagen (mit Ausnahme des Handbuchs) in einem angemessenen Zeitraum von mindestens 10 Tagen vor Vertragsunterzeichnung zu überprüfen bzw. überprüfen zu lassen.

7. Alle Informationen müssen wahr, unmissverständlich und vollständig sein.

8. Die Offenlegung der Information soll schriftlich oder in anderer dokumentierter Form in deutscher Sprache erfolgen.

Mit der folgenden beispielhaften Aufzählung möchten wir Ihnen Anhaltspunkte an die Hand geben, welche Informationen bzw. Unterlagen Sie zukünftigen Franchise-Partnern vor Vertragsschluss zukommen lassen sollten.

- **Informationen über das Franchise-Konzept**

  - Firmenname und Sitz des Franchisegebers,
  - Geschäftstätigkeit des Franchisegebers,
  - Zeitpunkt der Gründung des Franchisegebers,
  - Handelsregisterauszuge bzw. Gewerbeanmeldung
  - Anzahl der firmeneigenen Betriebe
  - Zeitpunkt des Beginns mit Franchising
  - Anzahl der Franchise-Partner
  - die Namen, Geschäftsadressen und Geschäftstelefonnummern von Franchise-Nehmern des Franchise-Gebers in Deutschland
  - Zahl der neu gewonnen Franchise-Partner innerhalb des letzten Jahres
  - Auskunft darüber, ob in den letzten fünf Jahren ein früherer Franchise-Nehmer in dem betreffenden Einzugsgebiet des Interessenten vor Ablauf des Vertrages ausgeschieden ist.
  - Internationale Erfahrung

- **Informationen über die mit Entscheidungsbefugnis ausgestatteten Personen der Systemzentrale**

  - Vorstand bzw. Geschäftsführer, evtl. Leiter der Franchise-Abteilung, Ansprechpartner für Franchisenehmer (Name, Position, Zuständigkeit)

- **Franchise-Angebot**

  - Standort, Inhaber, Dauer des Pilotprojektes (wenn angebracht)
  - Ergebnisse und Erfahrungen aus dem Pilotprojekt (wenn angebracht)
  - Leistungen der Systemzentrale
  - Gewerbliche Schutzrechte des Franchise-Gebers
  - Marketingkonzept des Franchise-Gebers
  - Franchise-Gebühren

- Erforderliche spezielle Vorbildung des Franchise-Nehmers
- Angaben über den erforderlichen Kapitalbedarf des Franchisenehmers. Das gilt sowohl für die Anfangsinvestitionen für den Zeitraum der Anlaufphase als auch für die über die Anfangsinvestitionen hinausgehenden Aufwendungen
- Genereller Arbeitseinsatz des Franchise-Nehmers, (wenn angebracht)
- Betriebswirtschaftliche Kennzahlen über vergleichbare Franchise-Outlets des Systems

- **Rentabilitätsvorausschau, sofern vorhanden**

- **Franchise-Vertrag (zuzüglich aller standardisierten Anlagen)**

- **Bankreferenzen**

  - Name und Anschrift der Bank
  - Bankverbindung

- **Angaben über Mitgliedschaften in Verbänden**

  - Anschriften und Aufgaben der Verbände
  - Dauer der Mitgliedschaft
  - Status

- **Angaben über andere Vertriebswege der Franchise-Produkte oder Dienstleistungen**

  - Filialen, Großhandel, Fachhandel, Versand, Strukturvertrieb, Internetvertrieb etc.
  - Firmenkunden- bzw. Großkundenbelieferung durch den Franchise-Geber

Literaturverzeichnis

Flohr	Der Franchisevertrag, 4. Auflage 2010
Flohr	Tendenzen im Franchiserecht, DStR 2001, 710
Flohr	Franchise-Recht: Rechtsgrundlagen und Vertragsgestaltung und Vertragsbeendigung, ZAP 2000, Fach 6, 343
Flohr	Masterfranchise-Vertrag 2004
Giesler/Nauschütt	Franchiserecht, 2. Auflage 2007,
Liesegang	Neue Entwicklung bei der Gestaltung von Franchiseverträgen, Jahrbuch Franchising, 1990, 58
Liesegang	Die Bedeutung des AGB-Gesetzes für Franchiseverträge, BB 1991, 2381
Liesegang	Die Konkurrenzpflicht des Franchise-Gebers, BB 1999, 857
Liesegang	Keine Prospekthaftung für Franchise-Geber, Gedächtnisschrift für Skaupy, München 2003
Liesegang	Einkaufsvorteile und Transparenz in Franchisesystemen, Jahrbuch Franchising 2008, Seite 154 ff.
Liesegang	Gesetzliche Haftungsrisiken im Zusammenhang mit der Übertragung von franchisierten Geschäften, Jahrbuch Franchising 2009, Seite 141 ff.
Liesegang	Die Strukturkündigung als Chance für Franchise-Geber, Jahrbuch Franchising 2010, Seite 251 ff.
Liesegang	Und immer wieder vorvertragliche Aufklärung – Ein Update zum Stand der Rechtssprechung und der Rolle der Richtlinien des DFV, Jahrbuch Franchising 2011
Liebscher	Franchising in Österreich, 1991
Martinek	Franchising, 1987
Martinek u.a.	Handbuch des Vertriebsrechts, 3. Auflage 2010
Metzlaff	Praxishandbuch Franchising, 2003
Nebel/Schulz/Flohr (Hrsg.)	Das Franchise-System, 4. Auflage 2007
Zwecker	Inhaltskontrolle von Franchiseverträgen, 2001